《外语教师发展的知与行》姊妹篇

以我国21世纪基础教育新课标和大学英语教学要求为基准供教师培训用教材

基于课堂的外语教师技能发展

夏纪梅 著

综合技能

沟通技能

合作技能

信息技能

英语技能

上海教育出版社

图书在版编目(CIP)数据

基于课堂的外语教师技能发展/夏纪梅著. —上海:
上海教育出版社,2012.4
ISBN 978-7-5444-4065-3

Ⅰ. ①基… Ⅱ. ①夏… Ⅲ. ①外语教学-教学研究
Ⅳ. ①H09

中国版本图书馆CIP数据核字(2012)第060794号

基于课堂的外语教师技能发展

夏纪梅 著

上海世纪出版股份有限公司
上 海 教 育 出 版 社 出版

易文网:www.ewen.cc

上海世纪出版股份有限公司
外 语 教 育 图 书 分 公 司 出品

上海世纪出版股份有限公司发行中心 发行

(邮政编码:200235 上海钦州南路71号11楼 021-64378133)

各地新华书店经销 上海中华商务联合印刷有限公司印刷

开本 787×960 1/16 印张17.75

2012年5月第1版 2012年5月第1次印刷

ISBN 978-7-5444-4065-3/G·3179 定价:36.00元

(如发生质量问题,读者可向出版社调换,电话:021-64082357)

作者简介

夏纪梅，中山大学英语教育/外国应用语言学专业教授，外语教育研究所所长，教育部高等学校大学外语教学指导委员会委员（1996－2012），教育部大学英语四六级考试委员会委员，教育部基础教育课程与教材教法专家委员会委员，教育部高教司和人事司认证的教师培训师和国内访问学者导师，教育部评估办聘任的本科教学质量评估专家，中国外语研究会教师教育与发展专业委员会副会长，中国教育学会外语教学专业委员会教学研究与教师教育指导委员会理事。曾先后应邀在国内十多所高校担任客座教授。曾先后在美国南加州大学、英国格拉斯哥大学、牛津大学、剑桥大学、香港中文大学、美国迈阿密大学研修、培训、访学或讲学；曾在英国、美国、澳大利亚、奥地利、中国香港等地召开的国际会议上发言。已指导来自二十多省市的研究生和教育部委派的国内高校教师访问学者五十多人次；已应邀培训全国三十多省市的大中小学外语教师上百场，受训人数过万，讲题涵盖教学理念、教学方法、教学评价、教学设计、教材创作和使用、教学研究、教育技术、课堂技能、教师发展、师生关系等几十个专题和上百个课题；曾应邀担任省级或国家级“英语风采大赛”、“英语演讲大赛”、“英语教学大赛”决赛评委多次。曾先后获得过各级“优秀教师奖”、“巾帼奖”、“名师奖”、“优秀教育工作者奖”、“教学优秀成果奖”等二十多项。曾担任两门国家级“精品课程”主持人。外语教学研究代表性著作有“姊妹篇”《外语教师发展的知与行》和《基于课堂的外语教师技能发展》(上海教育出版社2012)、《外语还可以这样教》(外语教学与研究出版社2011)、《现代外语教学理念与行动》(高等教育出版社2006),《现代外语课程设计理论与实践》(上海外语教育出版社2003),《英语交际常识》(中山大学出版社1995),《运用英语的技巧》(中山大学出版社1992)等;发表外语教育研究论文四十多篇,发表教育散文四十多篇;出版外语教材二十多套册(含省和国家九五、十五规划立项);主持省部校级外语教学改革项目三十多项。三十多年来授课和主持教师培训后收到学生和全国青年同行的来信、反馈、求教、贺卡、致谢数以千计。

本书开场问答：

问： 夏教授，您从青年教师到资深老年教师坚持本科课堂教学不断线，您如何保持教学激情和学术青春？如何让青年学生乐于接受您的教学？您的社会兼职多、研究论文发表多、邀请讲学场次多，自己学习充电的时间从哪里来？资源从哪里找？

答： 当老师就是要终生学习，与时俱进；要会学习，学之有效；要干中学习，教学相长；要“困而学之，学而知之，知而行之，行而果之，果而乐之，乐而成之，成而精之”。总而言之，要爱教、敬教、乐教就一定会爱学、敬学、乐学。教师的学习是永无止境的。至于时间，我常说教师职业与其他职业最大的区别在于有寒暑假。但是，寒暑假并不是给教师用来休息的，而是用来充电加油、备课进修、学习研究的。我的许多成果都是寒暑假和黄金周假期里结的果。关于教师与学生的相处问题，我认为年龄不是主要的障碍。如今我们面对90后学生，要想被他们接受，就更需要与时俱进，全方位更新、创新、挑战、甚至颠覆过时低效刻板的教学方法。具体遇到的操作问题，请看本书各章节内容。

前　言

笔者从1998年以来，应邀在全国各省市、校际间做过上百场英语教师以及全校全科教师的培训活动。这些培训邀请几乎都是以“你命题我作文”的形式而专门设计。在这上百场专题培训中，特别受到一线教师青睐的是涉及“基于课堂的教师技能发展”的方方面面。我想，这是因为这些讲座或工作坊尤其符合一线教师的需要且其内容具有可模仿性、可借鉴性和可操作性，属于教学理论实践化和教学实践理论化的设计与探索。

本书是《外语教师发展的知与行》的姊妹篇。如果说上篇的内容是集中在教师职业发展的各个关键环节，例如，教师与教材、教师与教法、教师与学生、教师与读书、教师与研究、教师与评价、教师与自我等教师的实力发展核心问题上，那么下篇则集中在教师技能发展的各种实际操作问题上，例如，教师对课文、词汇、热身活动、点评、多媒体等具体环节的驾驭和应对，这一切都是在课堂环境下进行的。所以，本书命名为《基于课堂的外语教师技能发展》。

课堂是教师从业一辈子的主战场。教师要想把教学做精彩，使自己的价值、智慧、才华充分显现，很大程度上依托的是课堂。小课堂大学问，要想解决“课堂危机”，要想自己的教学班成为“生态苑”而非“坟墓班”，就需要教师具备与时俱进的、富有创新的、个性标杆化的、有外语教学理论指导的教学技巧和策略。学生厌学、懒学、不学、乱学、逃学自有他们的“理由”。要引发他们的学习兴趣、注意力和参与度，这需要教师很高的技巧和智慧。

特别需要指出的是，要寻找课堂创新突围的牵引力，不是由教师一人的力量来控制和推动，而是由学生的集体力量来创造和展示。因此，教师要把学生看作是有认知能力、有创造能力、有智慧源泉、有思维能力、有与教师不同年龄和经历的情感体验和人生经验、应该受到尊重和释放的学习主体。教师要把学习过程真正变为属于学生自己的学习和成长，而不是由教师去代劳、去逼迫、去制约或去管束。学生学习最大的敌人是依赖，教师教学最大的悲哀是包办。要让课堂焕发生命的活力，就要不断地寻找“活化剂”。教师要做生命成长和知识探寻之路上的引导者、协助者、评论员，让课堂多些趣味、体验、生机和创造。例如，紧紧抓住几个“第一”：第一堂课、第一队上场、第一个迟到者或缺课人，做足功夫，树立风尚。布置任务要结合形成性评估方案让学生明白“三不行”：不做不行，没有分数；不做好不行，分数少；不来课堂不行，有所损失。想尽办法帮学生挖掘潜能、积极参与，力争向上，让学生自己“造势”、“找米下锅”。我们追求的课堂效益是教师和学生共同构建生本活力的课堂：学习力释放的课堂，高效的课堂，超越课堂时空的课堂，最大化还给学生的课堂，最优化利用智力资源的课堂，让每一个课堂生命因子高质量生长、活出精彩的课堂，把“我讲”变“你讲”、把“我灌输”变“你探究”的发展思维张力和创造力的课堂。

要达到以上高水平的目的，教师要善于把教案变为学案，把教学思路变为学习之路，将教和学有机统一。例如，对课文的处理要“一反常态”，引导学生对课文独立思考、小组交流思考、全班分享思考。课文教学是引导学生细读、分析、理解、欣赏以及交流课文的功能、意义、意境等；以学生的观点进行归纳总结，而不是教师把自己的思想一点一点喂给学生。语言知识教学则需要让学生自己去梳理、归纳、链接、应用。

总之，课堂是教师的“一亩三分地”，并且地里的活儿可不少。地里的事情能不能做好，是衡量教师资格水平的重要依据。笔者记得，有一年在全国外语基础教育教师发展研讨会上，“课堂教学”专题分会场人山人海，连走廊过道甚至主席台上都坐满了与会教师代表。究其原因,到会的教师说:“这才是我们一线教师最需要、最重视、最关注的教师实力发展呀!”

有鉴于此,出于一线教师的需要,本书内容包括:教学方法与教学效果的一致性、第一堂课的设计、热身活动的设计、课文教学的创新、词汇教学的创新、任务型教学即场点评、多媒体教学课件的设计以及教师行动学习法推介与实施等。实践证明,这些培训材料既借鉴了国外流行的教师培训形式,又符合教育部《义务教育英语课程标准》、《大学英语课程教学要求》以及《国家中长期教育改革和发展规划纲要》的人才培养目标、教育理念、教学原则、评价标准、考核要求,已经经过实践检验并每每受到广大一线教师的热捧。如今笔者作为培训师将其整理为培训教材,希望可以扩大使用效益,同时,也可以作为中国外语教育改革进程的一种纪录。

为了便于教师培训或教师在岗自主学习,本书以讲座专题形式,保留ppt页面,在此基础上进行提问、提点、观点分享。本书有部分内容属于教师培训工作坊,因此也采取在ppt页面后进行指令、执行、反思、自检、联想、交流、研讨、辅导等活动。(注:本书虽然以外语教学为切入点,但其教育原理和教师发展的原则也适用于其他学科。)

本书最大的创意在于一改学术著作单向论述的文风,以讲座、研讨、问答、反思、自检、思考提点和观点分享等多种形式相结合,给读者留有思考的余地和笔记的空间,形成作者和读者的双向交流。

衷心希望本书能够得到广大一线外语教师的认同,并为岗上学习提供有效的资源。最后,祝福各位同行在自己的职业生涯中做出精彩。

夏纪梅
写于酷暑广州家中
2011年8月5日

目　录

第一章 教师依托课堂的教学技能发展总论

模拟提问:

我国传统观念认为“师道尊严”,教师要端好饭碗就要站稳讲台。教师要显得有水平就要把课讲深讲透讲精彩。现代教育观念要求师生平等互动、共建知识。您怎么看这两种观念的平衡与碰撞?在教学技能和方法上又如何平衡两者的关系呢?

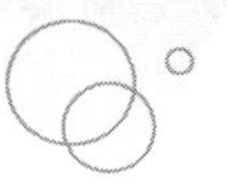

提点：请注意首页上配的照片，教师的手势说明什么？

观点分享

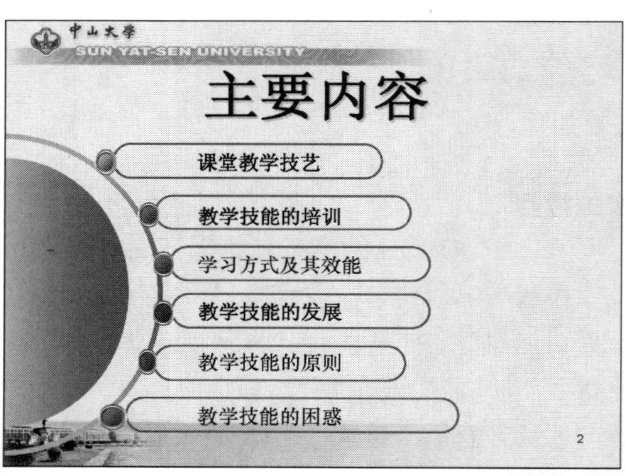

英语课堂教学技艺

- 教学是一门艺术。艺术需要：
- 英语课堂教学技艺的获得在于：
- 英语教学技能的提高需要历经：

3

提点：请运用你的常识，对“艺术”所需要的技能进行思考。然后，对“英语课堂教学技艺”的获得、提高和发展所需要下的“功夫”进行思考，对自己的经验进行反思，对其他相关的因素进行研究。

观点分享

幻灯片1

观点分享 老师对学生说:“这是你们的课堂,你们是学习的主人、课堂的主人,请你们上来展示你们的风姿才华吧!”

幻灯片2

(请把你的观点写在这里。)

幻灯片3

观点分享 教学是一门艺术。艺术需要设计匠心和操作技术,所以教师常被称作“教书匠”,教师职业属于“职业/专业技术人士”。

教师的工作对象是学生,是活生生的人,他们有思想、智慧、个性,他们是有一定知识、常识、见识的青年人。要对人进行艺术创作或操作,那是个什么概念?培育人才需要雕琢、塑造和栽培,要出成果、成品和成绩容易吗?没有学问、经验、技能、技术、策略、智谋能行吗?英语课堂教学的技艺需要教师自己具备良好的英语表达能力之外,还要能把学生教会,这就需要技术、技艺、技能,不是知道怎么教的问题,而是在真实的教学中如何教的事情。技能的学习和掌握必须经过尝试、应用、展示、观摩、评价、比较、研讨、反思、归纳、总结、设计、策划、应变、相互学习,以提高理论水平和课堂实际操作的能力,并从中挖掘教学研究课题。

因此,外语教师的课堂教学技能需要专门的培训。这种培训要唤醒教师的“问题意识”;使其把握研究课题的导向,掌握将问题变为课题的方法。要不断通过多种途径了解自我、了解业界、了解趋势,从而为自己补缺,把自己做大做强做精彩。

提点：既然教师技能培训非常重要，那么什么样的培训才能达到最佳效益呢？

观点分享

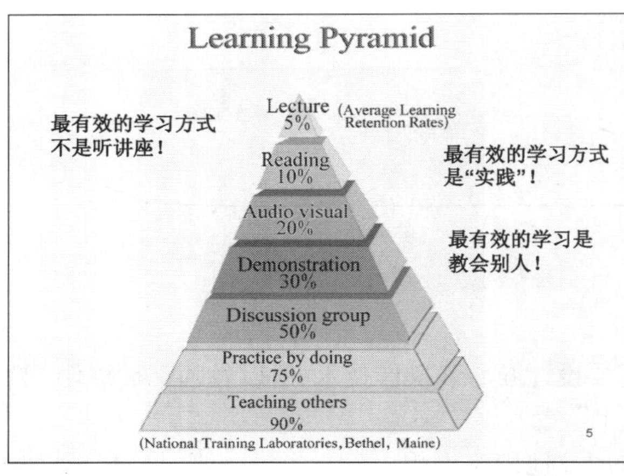

提点：这个金字塔是美国1995年实验证明的学习效能的结果。注意塔尖和塔底的百分比。

观点分享

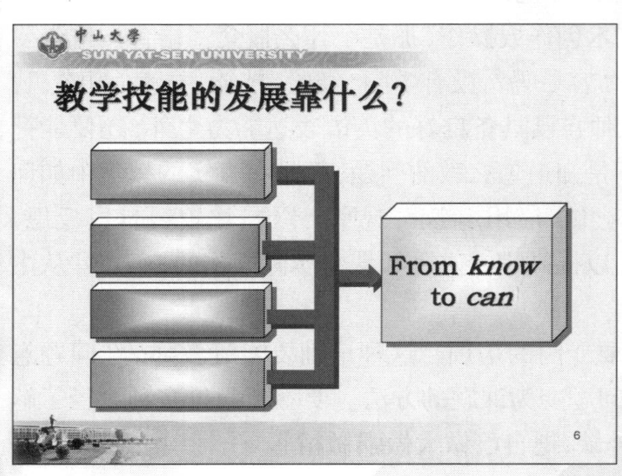

提点：相对来讲，教学技能比教学知识还重要，为什么？

为什么有的教师饱读诗书、满腹学问，但却不会教学生？为什么有的英语教师自己的英语水平很高、知识丰富，却不受学生欢迎？教学技能发展靠什么？

幻灯片4

观点分享 现有的培训大都是以专家讲座为主，这种培训只能说是一种“灌输型”的单向演讲。讲座即使很精彩，也只是讲座学者自己熬出来的“精华素”。接受培训的教师不能只当听众，只记笔记，只欣赏专家的精彩。这与外语课堂教学其实同理，教和学必须有互动。

所以，笔者提倡并且身体力行地将第1种、第2种与第3种培训方法相结合，综合运用工作坊、行动法、反思法、实践法、观摩评价法等，这才是有效的教师技能培训。

幻灯片5

观点分享 塔尖的学习效能最低，那就是听讲座。因为如果听过了不去追踪行动，就会“水过鸭背”，一抖就没了。

塔底最宽，说明学习效能最高。能够把学到的东西再教会别人，这不就是教师的教学效益所在，也是教师的真正本事吗?

幻灯片6

（请把你的观点写在这里。）

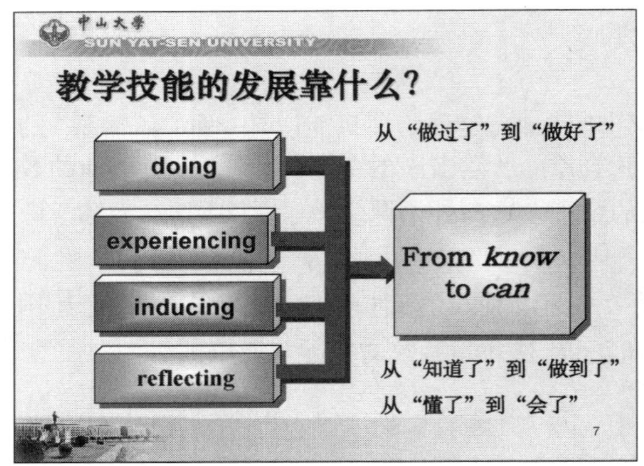

观点分享

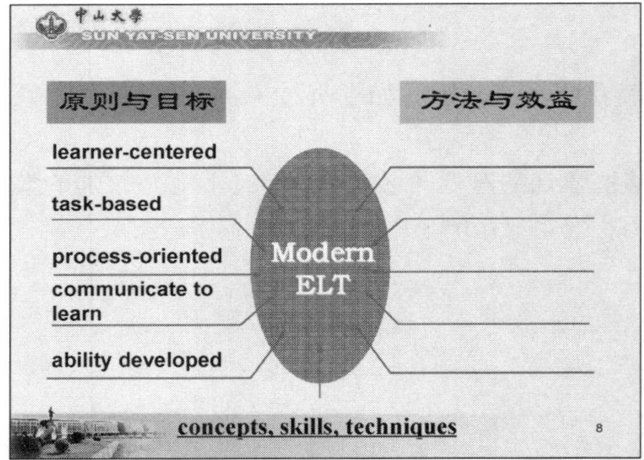

提点: 现代外语教学的原则是教学技能的理念支撑。现代外语教师对"以学生为中心"、"以交际为目的"、"干中学习"、"注重过程"、"培养能力"这些教学目标和理念都不陌生,但在实际教学技能和操作中,应该怎样做呢?

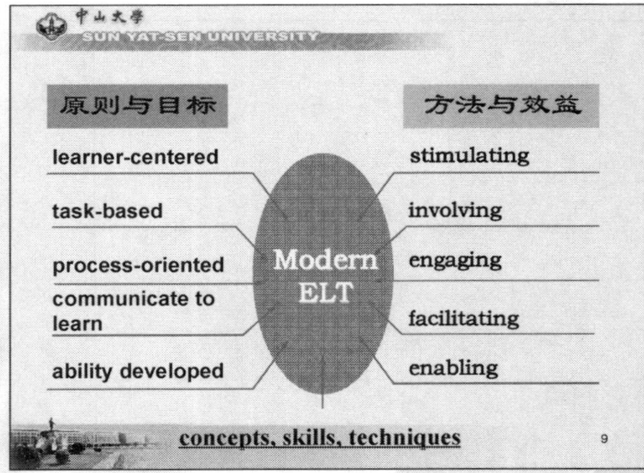

观点分享

幻灯片7

观点分享 对于教学技能问题，从“懂了”到“会了”，从“知道了”到“做到了”，从“教过了”到“教会了”，从“做过了”到“做好了”，这其中有从知识转换为技能的过程和历练，要通过“实践、体验、归纳、发现、反思、提醒、点拨”等传帮带、互助互评以及培训活动来实现。

幻灯片8

（请把你的观点写在这里。）

幻灯片9

观点分享 依据“刺激-反应”的教育原理，外语教学过程一定要有：

1）足够的刺激(stimulating)，所以需要能调动外语学习的视觉、听觉、感觉、思考、行动的技能；

2）相应的卷入(involving)，要有能够调动学生的情感、关注、担忧、兴趣，让其进入情境、角色、交际、互动的技能；

3）布置实践(engaging)，要有设计课内外相连接的任务的能力，布置给学生一定量的实践，并以成果显现；

4）适当协助(facilitating)，在学生实践应用语言做事的过程中给予必要适当的帮助，但绝不是代劳，这将在“词汇教学的创新”一章中作详述；

5）集教学原则、目标、技能为一体(enabling)，这是外语教师最需要的，即教过了必须教会了。因为没有教不会的学生，只有不会教的老师。

提点：教师的教学技能实际与教师的身份、意识、角色、需求、基础等都有直接的关系，所以教师需要培训。培训时，每个人都要有五种身份：学生、教师、研究者、专业人士和教育者，为什么？

观点分享

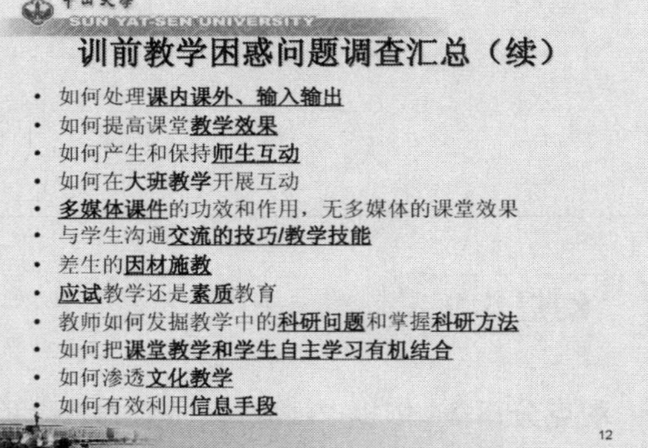

中山大学
SUN YAT-SEN UNIVERSITY

训前教学困惑问题调查汇总（续）

- 学生不爱学怎么办？
- 学生不爱听怎么办？
- 学生不搭理怎么办？
- 学生听不懂怎么办？
- 学生课外不作为怎么办？
- 学生不互动怎么办？
- 学生不喜欢小组活动怎么办？
- 应用任务型教学法/课堂活动使教师完不成教学计划怎么办？
- 领导不支持怎么办？

13

提点：这些是在报名参加全国高层次权威性和专业针对性很强的教师培训前所进行的需求调查反馈，笔者做了相对集中的整理。

幻灯片 10

观点分享 教师首先是学生身份。教师教课教久了，一定要回到学生角色才能体会学习的过程和效果所在。笔者在做教师培训时发现，许多教师能够回答What is teaching? 或What does teaching mean?，却答不出What is learning? What does learning mean? How can you make real learning take place?这样的问题。这种状况很让人担忧。很显然，不能真正懂得什么是学习的教师很难教学对路。

教师要有教师身份。教师自己对这个身份是否认同？对于其价值、需求、水平、能力、缺失、强项、弱项等是否了解？了解得是否准确？了解后又该怎么样做？关于"教师身份"的意识、建构、变化、功能等是最值得研究的一个专题领域。

第三种角色是研究者。从某种意义上说，做教师就是做学者，不做研究怎么叫学者？

教师也是专业人士。做教师其实与做园艺师、发型师等技术类职业人士一样，自己的手艺不专业、不娴熟、不创新、不提高，怎么会有市场？

至于教育者，要求更高，不只是教课这么简单，还有育人、导人、示范做人等更高层次的身份和意义。

幻灯片 11–13

（请把你的观点写在这里。）

中山大学
SUN YAT-SEN UNIVERSITY

对训前教学困惑问题思考

请你问自己：

- 你有这些困惑吗？
- 你从中发现什么问题为主？
- 你认为这些问题能解决吗？为什么？
- 你自己想过办法吗？什么办法？
- 你对教学技能的重要性有新的认识了吗？

14

提点：对这些一线骨干教师所提到的需求反馈，你是否有同样的困惑呢？

有问题，要思考。一方面自己问自己，进行相应的反思；另一方面笔者提供这些问题作为研讨性思考的提点。

中山大学
SUN YAT-SEN UNIVERSITY

对训前教学困惑问题思考

提问供思考：

- 几乎所有的问题都围绕学生，为什么？
- 围绕学生的问题，是老师的问题还是学生的问题？
- 老师头疼的学生的问题反映老师什么问题？
- 其次是与课堂相关的问题，解决这些问题靠谁？凭什么？

15

中山大学
SUN YAT-SEN UNIVERSITY

对近三年训前调查问题的反应与思考

1) 学生学不好是谁的问题？老师还是学生？
   "没有教不会的学生，只有不会教的老师。"
   "没有好的老师就没有好的教育。"（国家中长期教育改革和发展规划纲要）
2) 几乎所有的问题都围绕学生，学生的问题反映老师什么问题？
   学生读死书，是因为老师教死书。
   学生不爱学，是因为老师缺乏"爱"。
   学生不配合，是因为老师教"无能"。

16

观点分享

幻灯片 14–15

（请把你的观点写在这里。）

幻灯片 16

观点分享 把学生问题归结到老师身上好像不公平，老师也很难服气。但事实就是如此，不然要老师干什么？

对现代学生的教育教学，教师没有现代教育教学的理念、方法、智慧、技能，怎么具备驾驭课堂、应对学生的资格？只凭一张师范毕业证书，只凭一个大学研究生学位，只凭具有教书教课的专业水平，那是远远不够的。要知道，书本是“死”的，知识是“死”的，课堂是动态的，课堂里的人是活的，课堂中什么事情都可能发生。改革、创新、应变是时代的需要，也是人才竞争的表现。有无这些本事或本领是区别“有才”和“无能”的依据。自己认为自己很努力、很勤奋、很认真、很负责，但如果没有“技能”、“招数”、“策略”、“智慧”，就只有吃力不讨好的结果。

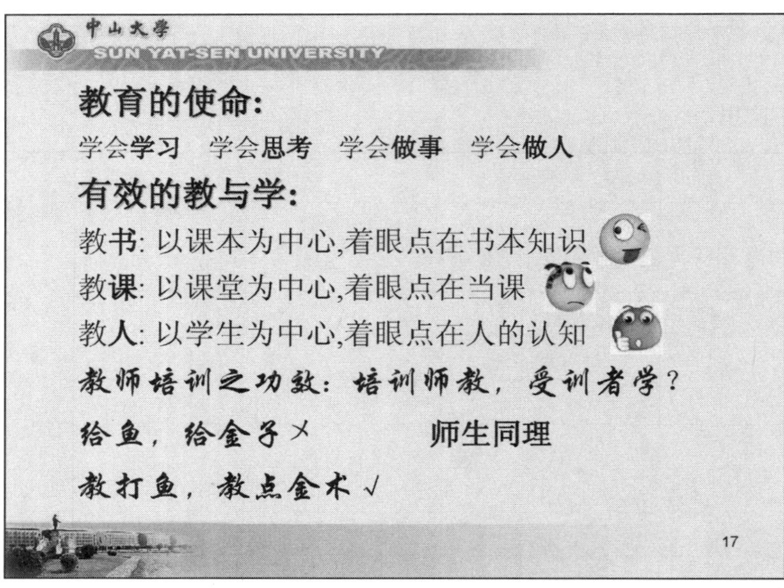

观点分享

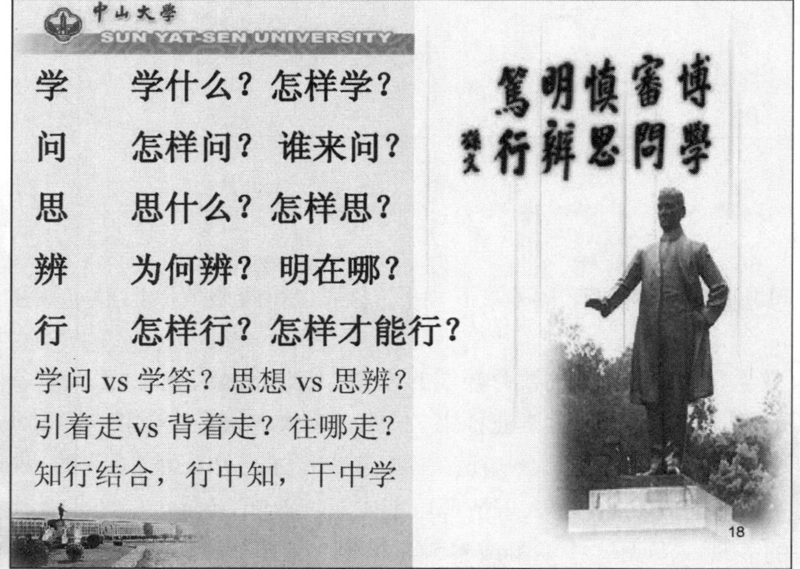

观点分享

提点：“学问思辨行”里包含有what、why、how，学生和教师都有学问思辨行的问题。

幻灯片 17

观点分享 我们讨论教学常见的难题，还得从教育使命和目标入手，还得从“教”和“学”的道理入手。

要教学生“四会”，教师自己首先要“四会”，其中会做人做事，就包括会处理师生关系和会处理教学事件。教书和教课容易，教人不容易。给“鱼”给“金子”容易，教“打鱼”和教“点金术”不容易。更需要提醒的是，教师自己是否会“打鱼”，是否掌握“点金术”，又是否能把学生教会，这些才是问题的关键。

幻灯片 18

观点分享 如果“学”只是一种“我讲你听”、“我教你记”的行为，那是“肤浅学”、“伪学”。

如果教学中没有引发学生的批判性思考和想象力，也没有给他们提问的机会，那就不是在做学问，而只是在学答。

如果教学中没有对思想、思维、思考的刺激，那么学生就只是“容器”、“空壳”。

如果学习过程中没有辩论、辨证、思辨，那即使有思想也是“直线型”、“简单化”的，缺乏哲学、逻辑等深层或高层水平。

如果教学都是老师讲解、示范、提问、应答，就等于背着学生走，而没有放手让他们自己走，这样“行”还存在吗？现代教育倡导对知识的探索、求证、提问、实践都应该让学生自己做、与老师一起做以及在老师的指导下合作。这是对中国古训“学问思辨行”的现代演绎。

提点： 请注意页面上的图片各自说明什么问题，批判什么？提倡什么？为什么？

观点分享

科学、技术、艺术三位一体的完美结合

- 外语教育科学：是什么？
- 外语教学技术：怎样做？
- 外语教学艺术：做得美
- 三位一体的结合：

20

提点： 依托课堂的教学技能实际上是科学、技术、艺术的完美结合。从外语教学的角度来看，科学指什么？技术指什么？艺术指什么？三位一体的结合意味着什么？

幻灯片19

观点分享 "教师背书图":教师从备课、讲课、解题、改卷、答疑等什么都包揽于一身,疲惫劳累是必然的。但从现代教育理念原则来重新审视,这是劳而无功的、累无所值的。因为这样的教师把学生该做的许多事情代劳了。例如,课文里的重点难点不可以让学生自己找、自己解、自己通过工具书和各种途径先"试水"吗?又如,作业不可以先由同学互改,从别人的作业中检验和比较自己的水平,从别人的错误中表现自己的"诊断能力"并警醒自己吗?

"师生共建图":现代教育提倡教师和学生共同调用已有知识探索未知世界,携手共建、共同发展,而且采用的是现代教育技术手段。

"师生攀登图":教师也叫"先生",顾名思义就是比学生高明一些、先学一步、有经验有能力帮助学生往上走的人。这就要求教师不断攀登,而且要在学生之前攀登,然后还要有能力帮扶学生,特别是在关键的时候"拉一把"学生。

"路标迷失图":教师在传统与现代各种教学法面前往往不知所措、难以选择,找不到北。这时,教师一定要通过实践找到适人、适己、适时且具有实效的一种或多种教学方法和技能。

幻灯片20

(请把你的观点写在这里。)

中山大學
SUN YAT-SEN UNIVERSITY

科学、技术、艺术三位一体的完美结合

- **科学：**语言是什么？语言习得过程是怎样的？交际是如何产生的？语言规律，交际规律，教育规律
- **技术：**怎样教和学才得法对路？教有教法，教无定法，贵在得法，因材施法，创新教法，综合各法，自有教法。教法，学法，考法，设计法，点评法，研究法
- **艺术：**怎样教得有感染力？有美的享受？（例如夏氏绝活、拿手好戏、独门特技、教学品牌；学生拥戴的偶像、崇拜的对象、追随的师星、具有口碑的“大众情人”）
- **三位一体：**教育学家，教学能手，教师魅力

21

观点分享

提点：什么叫做“师生同理”？

中山大學
SUN YAT-SEN UNIVERSITY

教师培训关键词（师生同理）

“Education”

“Learning”

“Development”

Learn to learn
Learn to teach
Learn to research
Learn to be

Teach to learn
Learn by teaching
Learn by doing

What Why How

22

观点分享

提点：这是本书将逐一阐释的“教师课堂教学技能培训内容”。

中山大學
SUN YAT-SEN UNIVERSITY

英语课堂教学技能培训本书内容

第1章 教师依托课堂的教学技能发展总论
第2章 教学方法与教学效果的一致性
第3章 第一堂课的设计(目的与方法：决定性，创新性)
第4章 热身活动的设计(听说读写前：目的与方法，真实性)
第5章 课文教学的创新(主题化，任务型)
第6章 词汇教学的创新(语境化、联想法)
第7章 任务型教学即场点评 (标准、难度、导向、师生双赢)
第8章 多媒体课件的设计(取材、页面、框架、逻辑性、超越文本性)
第9章 教师行动学习法推介与实施(反思与自检、难题与应对)

23

幻灯片21

观点分享 科学探究“是什么”和“有什么自然规律”。对外语教学的科学，自然涉及语言、语言习得、语言交际、语言教育的本质和规律，这些与“语言学”、“认知学”、“教育学”、“心理学”、“教学论”、“交际学”等学科领域相关。教师需要掌握这些学科的基本知识。

技术讲究操作。外语教学的技术涉及教学法和教学技能，也就是从“教学论”(methodology)，进而到教学方法(approaches)，再进入课堂应用方法(methods)，通过教师的实际操作(techniques、skills)表现出教师的能力(can-do)，这不是know what的问题，而是know how乃至实际how to do的本领，是教学理论实践化的过程和结果。

艺术追求美。美有感染力，美是享受。教师的课堂教学过程让学生享受教学，享受学习，师生和同学互相欣赏，这就有了艺术效果。

科学、技术、艺术三位一体完美结合在外语教学课堂里很不容易，教师尚需努力。

幻灯片22

观点分享 教师要培养学生的学习技能、交际技能、做事做人做研究的本领，需要培养能够达到此目标的教学技能，为学而教，从教中学，边教边学，发展自己，发展学生，师生共同发展。

幻灯片23

(请把你的观点写在这里。)

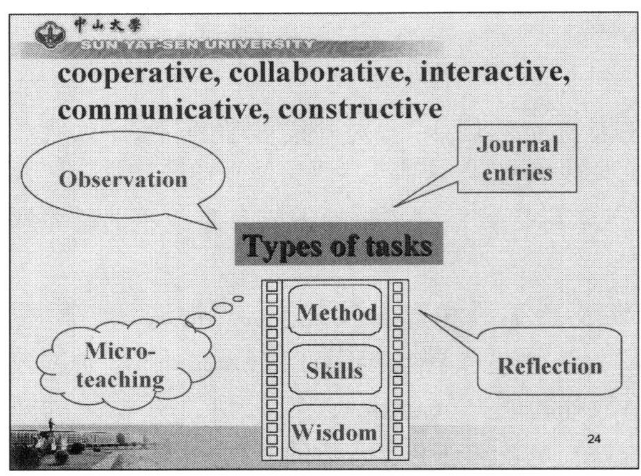

提点：这些是培训时教师需要做的事情。如果不参与、不作为、不体验，就没感觉、没发现、没效果。

中山大學
SUN YAT-SEN UNIVERSITY

Training journal

Notes	Thoughts	Observation	Development
Lecture Reading Discussion	Response Reflection Questions	Video Power point Interaction Presentation Design	Future plan/ actions Creative ideas/ improvements

25

中山大學
SUN YAT-SEN UNIVERSITY

培训师的示范作用

- **3 Cs:** classroom-based, contemporary concepts, creativity
- **3 Ps:** principles, problem-based, **people-developed**
- **10-ings:** stimulating, motivating, activating, facilitating, involving, reflecting, experiencing, self-checking, problem-solving, **enabling**

26

提点：笔者作为培训师，以自己的技能行为作示范，包括现当代教育理念的支撑，解决问题的技能，基于课堂的教师发展目标，有刺激，有反思，有驱动。

幻灯片 24–25

（请把你的观点写在这里。）

幻灯片 26

（请把你的观点写在这里。）

- **国家领导人对教师的重视与期望**

"中国的振兴靠教育，教育的振兴靠教师。"(胡锦涛2004, 2010)

"教育是国家发展的基石。有一流的教育才能有一流的人才，有一流的人才才能建设一流的国家。办好教育教师是关键。教者先强己。教师富有创新精神，才能培养出创新人才。百年大计教育为本。教育大计教师为本。教学改革要学思相结合、知行相统一。"(温家宝2008, 2010)

- 国家中长期教育改革和发展规划纲要(2010)，全国教育工作会议(2010–7)，全国基础英语新课标的正式颁布(2011)，全国中小学教师国培计划

27

提点：教师发展得到了国家极大的重视，这对教师而言是一个难得的机遇，当然也是巨大的挑战。能够抓住机遇的人，能够接受挑战的人，就要在专业技能上下功夫，这是职业竞争力的比试。

关于教育和教师的精彩语录选摘

1 Nothing is worse than teaching that has stagnated. (John Field)
2 Make your teaching way as your fingerprint. (Rosie Tanner)
3 Education is an admirable thing, but it is well to remember from time to time that nothing that is worth knowing can be taught. (Oscar Wilde)
4 The true test of intelligence is not how much we know how to do, but how we behave when we don't know what to do. (John Holt)
5 Change is the end result of true learning. (Leo Buscaglia)

28

观点分享 →

提点：这里提供的是一些对教学技能富有启发意义的语录，请结合本章以上的阐释加以解读。

幻灯片27

（请把你的观点写在这里。）

幻灯片28

观点分享 1）教学停滞不前，意味着年复一年地走老路、唱老调。知识不更新，方法不变化，这对从教10年以上的人来说尤其是警告。社会在变、时代在变、学生在变、要求在变、标准在变，所以不能以不变应万变，也不能想当然以为过去的经验现在仍然有效。

2）人类的手印指纹是独一无二的，教学也应该富有个性。别人的有效经验可以借鉴，新创的理论可以学习，优秀教师的教学可以观摩取经，但最终还是要形成自己独特的教学风格和品牌。

3）知识不是靠教会的，而是靠“悟”，所以教学要重在启发、启示，启迪“感悟”、“觉悟”、“悟性”，要给学生机会去体验和感悟，而不是只靠讲课。

4）真正的考试不是考已知，而是考“不知怎么办时懂得怎么做”。这样的考试才有价值和意义。我们一直以来从理念到行为都是学什么考什么，即检查已知。其实，不如对以上提到的真正意义的考试进行“应试教学”。

5）真正的学习效果表现在变化，人要变，思想要变，素质素养要变，行为要变，与时俱进地变，向着计划目标变，师生同理。如果上完了一学年的课，教完了两册书，学生没有多大进步，教师自己也没有多大进步，就说明没有产生真正的学习效果。

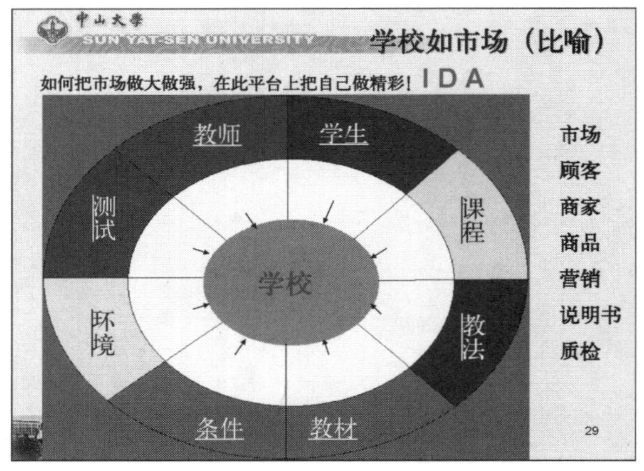

提点：在这个大转盘里，各个角色及其功能和市场运作相比，十分相像。其中的IDA指的是什么？

观点分享 ➡

中山大學
SUN YAT-SEN UNIVERSITY

To be a qualified EFL teacher

The world is changing, the times are changing. The people are changing. Everything is changing.

Therefore: Know about the changes.

Change our concepts and actions to Meet the changes. Updated and Upgraded!

30

提点：这些话的潜台词是什么？

观点分享 ➡

提点：这是能飞天的书，象征着什么？

观点分享 ➡

幻灯片29

观点分享 如果把学校比作市场的话，学生是顾客，交学费，来学习；教师是商家，课程是产品，教材是产品说明书，教学方法是营销手段。对此，我们还可以参照商场营销规律：首先要让买家对所销售的货物感兴趣（interest）；产生购买欲望（desire）；这样他们才会采取行动（action）。以此推理，我们不禁需要反思：我们的课程是否是顾客和市场所需要的，我们的教学方法是否适销对路，还有我们的考试是否真正起到了质量检验的作用，我们的教学环境和条件是否都与时俱进跟上了市场的步伐，如此等等。只有把教学的每个环节都按照这些规律去做好做对做出实效，才能说我们的办学是成功了。当然，学校不完全等同于商业市场，这又另当别论了。

幻灯片30

观点分享 Otherwise, you will be got rid of by the changes.

幻灯片31

观点分享 要把书教活。学生读死书，往往是教师教死书的结果。要让学生的学习超越课本，让学生的思想跳出教科书，别让学生成为"书呆子"、"课堂人"。

第二章 教学方法与教学效果的一致性

模拟提问：

当教师不难，难的是当好老师。好老师的标准很多，最重要的是教学效果显著。问题是，现当代教学方法层出不穷，如何达到现当代教学方法和教学效果的一致呢？

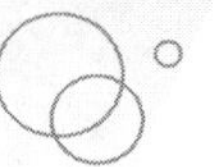

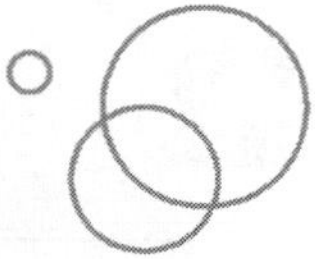

教学方法与教学效果的一致性

“什么是最有效的教学方法”？

夏纪梅教授 中山大学
教育部高等学校大学外语教学指导委员会副主任
教育部基础教育课程与教材建设专家委员会委员
中国外语研究会教师教育与发展专业委员会副会长
flsxjm@hotmail.com 13642674506
个人主页http://engedu.sysu.org.cn/xia/xiaindex

1

提点： 本章探究教学方法与教学效果的一致性。毫无疑问，方法决定效果。但什么是最有效的教学方法呢？这是本章的命题。

“国家振兴靠教育，教育振兴靠教师！”

胡锦涛2004

“百年大计在教育，教育大计在教师。”

温家宝2007

“没有好的老师就没有好的教育。”

国家中长期教育改革和发展规划纲要

2

提点： 为什么国家领导人把教育兴旺的历史使命放在教师的身上？页面上的两个插图说明了什么？

观点分享

教育使命：国际竞争的关键是人才的竞争，中国的教育要出创新型人才，必须从基础教育抓起！

教育部基础司“国家基础教育教材教法与课程建设专家委员会”成立大会主题(2010年)

3

提点： 教学效果要体现在人才质量上。什么样的人才是现代推崇和需求的呢？

观点分享

幻灯片 1

（请把你的观点写在这里。）

幻灯片 2

观点分享 教学方法靠人去掌握和使用，这当然是教师的事情。合格的教师需要有合格的教育背景和资质，现代强调学历和学位，所以不能没有这些硬件。另一幅图是多元智能开发的目标，教师教学的方法要与目标达到一致才谈得上效果。

幻灯片 3

观点分享 富有创新精神和综合能力的人才，具有国际竞争力的人才。但是，这样的人才如何才能培养出来呢？

中山大學 SUN YAT-SEN UNIVERSITY

导入/反思/自检/归纳

1 您认为什么是“最无效的教学法”?

2 您认为什么是“最有效的教学法”?

3 请写出您认为与“教学效果”相关的因素。

(请即刻不假思索地写,看看自己是否有过思考)

4

提点: 如果说以上人才质量就是我们追求的教学效果的话,我们当老师的就要反思自检:什么是最有效的教学方法?什么是最无效的教学方法?与教学效果相关的因素有哪些?请读者自己先尝试写一写。

“论教师和教学”语录摘选

- 普通的教师讲述,较好的教师讲解,优秀的教师示范,伟大的教师启发。
- 灌输传授现成的知识其实是很低级的教学形式。
- 教书育人不是“教师教,学生学”,而是“教师,教学生学”。
- 内容和方法优化的教学对学生是栽培,内容和方法因循守旧的教学对学生是摧残和折磨。
- 不追求更新更好更有效的教学是教师的一种慢性自杀和自我毁灭。

5

提点: 讲什么?授什么?教什么?

Learning Pyramid

最有效的学习方式不是听讲课!那是听老师说、看老师做!

Lecture 5% (Average Learning Retention Rates)

Reading 10%

Audio visual 20%

Demonstration 30%

Discussion group 50%

Practice by doing 75%

Teaching others 90%

最有效的学习方式是“实践”!自己感受、体验、做。做什么?能做什么?做出了什么?

(National Training Laboratories, Bethel, Maine)

6

提点: 塔尖是什么?塔底是什么?为什么?

观点分享

幻灯片4

（请把你的观点写在这里。）

幻灯片5–6

观点分享 以“教师讲”为主的教学于己于人都不利！塔尖的学习效能比例最小，可见最有效的学习方式是“实践”！塔的上面几层说明最无效的学习方式是只听讲课！那是听老师说，看老师做，自己却没有做！

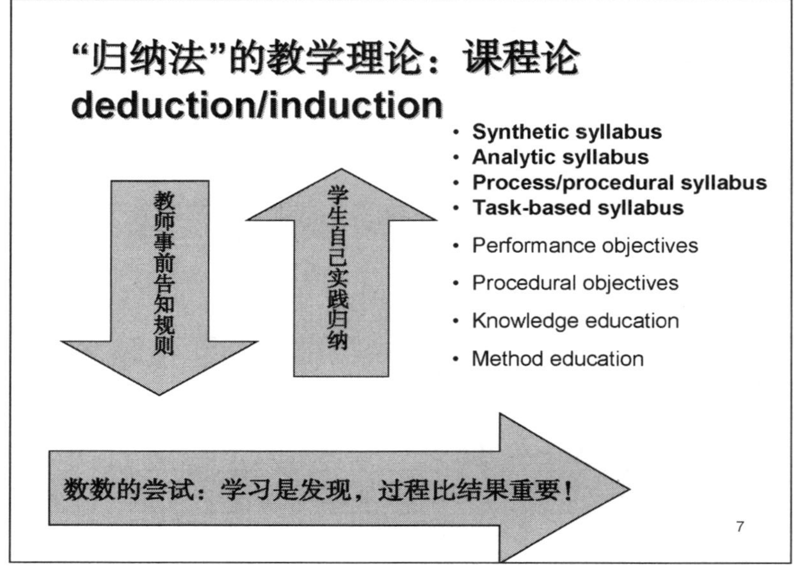

提点：讲课和做事的区别在哪里？什么叫"自上而下的告知"？什么叫"自下而上的归纳"？

观点分享 ➡

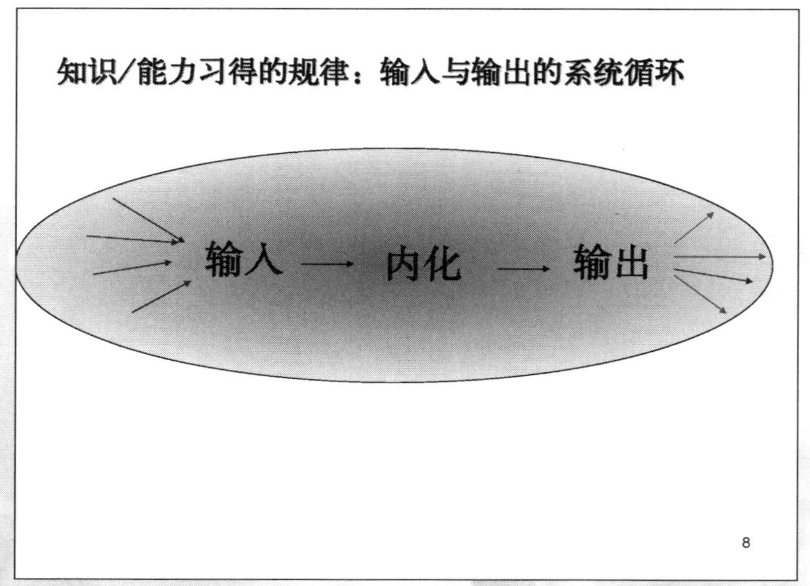

提点：学习是发现，需要通过以上哪个环节来实现才最有效呢？

幻灯片7

观点分享 我们的教学长期采用的是"自上而下的告知"(deduction),即由老师把各种规则、规律讲得明明白白,手把手教学生做。这样的话,学生久而久之就没有了探索精神和求知能力,哪里还谈得上创新?

相反,"自下而上的归纳"(induction)指的是让学生自己去实践,在探索中发现规律、规则。这样做既有利于学生的创新能力培养,又有助于学生掌握和记忆。该页"课程论"里就是把教学分为"重过程的课程教学方法"和"重结果的课程教学方法"两大类。

要想体验前一种方法,可以通过数数游戏。参与者被要求从1数起,每逢数到6和6的倍数就被纠正为"嘿"。这样经过两三轮,后面的人就自觉改口,那些尚未发现规律的人也会因立即得到别人的提醒而改口。下指令的人事前并没有交代这个规律,完全是参与者在活动过程中自己归纳出规律。当然,有的人很快就发现,有的人悟性比较慢。但是,最终大家经过互相帮助获得共同的发现。这就是"学习是什么?学习是发现。"的教学意义所在。

现代外语教学采用"任务型教学法"就属于induction教学法,重在实践和应用过程及其表现和业绩,而不是现成知识和卷面成绩。

幻灯片8

(请把你的观点写在这里。)

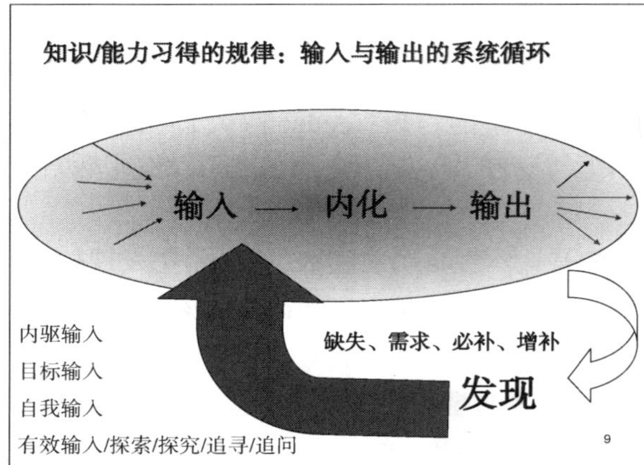

观点分享

提点：对有效的教学方法的四项原则如何具体化理解或阐释？请各自完成省略号部分。对引用的语录如何理解？对提出的质疑如何应答？

研讨：什么是最有效的教学方法？

原则1： 教有教法，教无定法，贵在得法，因材施法。
原则2： 博采众长，推陈出新，富有创意，自有教法。
原则3： 有输入必须有输出的机会和检验。
原则4： 为达到什么教学目的/效果而决定采用什么教学方法。

语录1： Make your teaching way as your fingerprint.
(Rosie Tanner)
语录2： 所谓教就是为了不教，使学生自己掌握学习方法。
(温家宝 2005)
语录3： 教给学生一种方法，就是一种教育结果。
(韦钰 2002)

质疑1： 教师和学生应该谁谢谁？
质疑2： 知识的海洋："学海"打鱼还是"题海"捞分？
质疑3： 培养"做题的本事"还是"做事的本领"？

11

观点分享

幻灯片 9

观点分享 我们长期比较注重“输入”环节，但输入的知识有无被“内化”，达到什么程度？只有通过多种渠道和形式的“输出”，学生才有机会发现自己缺失什么，需要补充什么，必须学习什么，从而自觉地、主动地、有具体目标地输入所需。这样的学习才是完整有效的、良性循环的链条。只输入无输出的教学是一条“断链”。

幻灯片 10

（请把你的观点写在这里。）

幻灯片 11

观点分享 我们集中研讨质疑部分。学生和教师的关系，在现代学习方式的变化与时代特征之下显得尤为值得深思。

随着网络和媒体的发达，信息技术的快速发展与生活化进程，青少年接触应用现代信息技术的广泛性导致他们的知识来源和认知渠道比历史上任何时期都丰富快捷。相对来说，他们的知识比教师更多、更广、更快、更新，这已经成为不可否认的事实。所以，教师和学生的关系，不仅是教与学的关系，同时也是互学互补甚至反哺的关系。

在知识的海洋里，应当学会学海打鱼，而不是靠题海捞分，这是大家都赞同的教育本真，只是有时无奈，屈服于现实。但我们不能因此丢了育人和培才的长远目标。培养“做题的本事”不如培养“做事的本领”，这是培育人才的长远目标。

走出学校，还有多少人需要应对卷面试题？他们需要的是做事的本领，包括用语言交流、交际、交往、应对和解决问题的本领。

大学回头看中小学
一种反思性视角

"接力棒"
考生/学生？对接/衔接？
"创造潜力"
挖掘/释放/扼杀？
"学习力"
学什么，怎么学，学到了什么？

12

提点： 关于教学效果，我们不妨从大学生的学习状况回头看中小学的教学效果。这是一种反思性、批判性、比较性的视角。我们需要关注大中小学的教学有无实质性接轨？

透过现象看本质

现在的研究生现象：
- 本科生的水平
- 中学生的方法
- 小学生的习惯
- 幼儿园的脾气

现在的大学生现象：
- 是在读大学，还是在读"高四"？
- 大学生的年龄，中学生的心理，小学生的习惯，幼儿园的生师关系

13

提点： 这里提出的现象尽管不应一概而论，不排除有夸张成份，但值得思考。这些现象具体是什么？为什么？

引发的问题与思考

- 中学的教学方法是什么？学生的学习方法是什么？
- 小学的教学方法是什么？学生习惯做什么？
- 幼儿园的师生关系是怎样的？幼儿脾气是怎样的？

14

提点： 反思中学的教学方法、小学的教学方法、幼儿园的师生关系。

幻灯片 12

观点分享 我国大中小学教育接轨问题一直受到教育界的关注。在外语教育领域，基础教育阶段对高等教育人才培养有无某些负面影响？尽管笔者相信，中小学教师很辛苦、很敬业，但当我们追求教育效果时，就不仅仅是态度问题，更是观念和方法问题。需要说明的是，中小学教育改革力度很大，也已经取得许多现代倡导的效果，这是可喜可贺的。

幻灯片 13

（请把你的观点写在这里。）

幻灯片 14

（请把你的观点写在这里。）

引发的问题与思考

中学的教学方法是什么？

- 老师教，学生学；老师讲，学生记？（教什么？怎样教?）
- 做题、解题、再做题、考试目标与分数导向？

小学的教学方法是什么？

- 老师教，学生背；老师讲，学生记？（教什么？怎样教?）
- 做作业、检查作业；什么作业？老师布置的/考试完了之后的？

幼儿园的师生关系是怎样的？幼儿脾气是怎样的？

- 等喂食，靠伺候，悉心呵护，任性，好哭

希望以上总结是不符合实际的！

15

提点：以上提出的问题与思考，笔者希望是不符合实际的，也就是说，随着教育改革的进程，这些现象会逐步消除和改变。事实上，2011年正式颁布的《义务教育英语课程标准》1–5级的英语教学已经充分体现出现代外语教学从小学生开始就强调动手、动口、动脑、真实交际的教学目标与方法。

反思中小学教学

- **中学：**基础教育中级阶段（使命、目标?）
- **中学生：**学习兴趣、学习习惯、学习方法
- **中学教师：**职业态度、教学观念、教学方法、师生关系
- **中学英语：**目标、内容、方法、模式、手段

- **小学：**基础教育初级阶段（使命、目标?）
- **小学生：**学习兴趣、学习习惯、学习方法
- **小学英语教师：**职业态度、教学观念、教学方法、师生关系
- **小学英语教学：**目标、内容、方法、模式、手段

16

提点：小学属于基础教育的初级阶段，中学属于基础教育的中级阶段，大学属于高等教育阶段，各自都有不同的历史使命和人才培养目标。围绕阶段性使命和目标，我们来思考英语教学的模式、手段和方法。

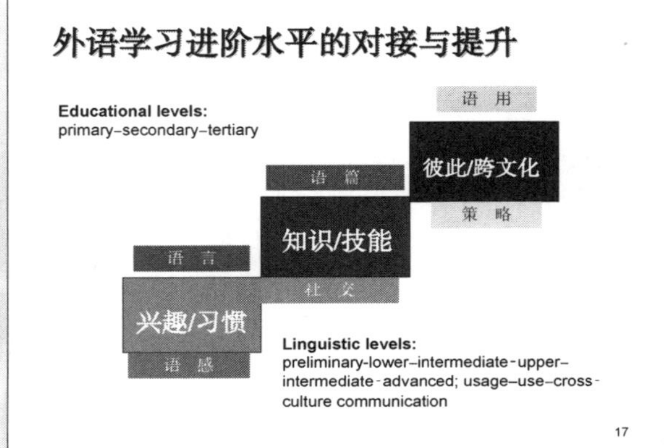

观点分享

幻灯片15

（请把你的观点写在这里。）

幻灯片16

（请把你的观点写在这里。）

幻灯片17

观点分享 这个阶梯图形象地展示出大中小学的不同阶段教育水平的提升和英语水平的递进。

小学生的年龄特征和教育阶段都说明英语教学应该重语感，培养兴趣为主，养成边学边用的习惯。所以，义务教育英语新课标所列举的教学案例都是很好的倡导。

中学是承上启下的教育阶段，所以应该重基础知识和技能，特别是打好学习方法的基础。在语言教学方面，强调语篇和社交层面，而不仅仅是语言知识点和单项技能的掌握。

大学是高等教育阶段，经过基础教育1-8级12年的英语教学，学生应该能够真实地应用英语到学术、跨文化交流、策略性语用中去。

当然，以上对接和衔接是比较理想化的目标与效果。事实上，我国经过多年的改革创新实践，已经有了许多可喜的进步和变化。

案例分析

1) **英语中考与高考的改革趋势：**
与学生真实性应用越来越接近；

2) **基础阶段英语新课标的要求变化：**
目标结构、目标描述，分级目标；

3) **全国小学英语教师教学观摩大赛选手与观众表现：**
挑战、创新、热情；

18

观点分享 ➡

幻灯片18

观点分享 这里提供的案例比较能够说明英语课程改革创新和强调综合应用能力的可行性：

1）英语中考与高考的改革趋势：近年来，我国英语中考和高考在形式和内容上与学生真实地应用语言做事越来越接近，这种考试对教学无疑会产生积极的反拨效应。

2）基础阶段英语新课标的要求变化：2002年以来试行的《英语课程标准（实验稿）》和2011年颁布的终审稿，在义务教育和基础教育阶段英语课程的目标结构、目标描述、分级目标都体现了现代外语教育理念原则，在教学方法上体现出许多现代元素。例如，把"技能"放在"知识"前面，体现了"做中学"、"行中知"的教育理念。又如，把以往词汇的"音形义"改为"音义形"，体现了学生年龄阶段性认知特征。再如，强调教学活动要贴近学生的真实生活，强调语言教学要同时培养思维能力等。 事实上，我国经过近十年的英语课程改革实践，许多地区的英语教学都已经取得了显著的成效。中学毕业生考上名牌大学的新生中，从三级起点开始修"大学英语"基础必修课的人数大大增长。他们的基础扎实，应用能力强，经过一个学期或一学年的基础课，就能进入基础必修课后的选修课。

3）全国小学英语教师教学观摩大赛选手与观众表现：笔者2007年应邀参加了全国小学英语教师教学观摩大赛。来自三十多个省市的冠军选手在武汉杂技厅4 000名观众面前展示了他们的教学风采。这些教师大赛选手充分利用多种教具、教法、教学活动，有效地调动了学生的听觉、视觉、感觉、思考、认知等内因条件进行语言教学。历时一周的大赛给人以挑战、创新、改革的热情和激情。尽管当时天寒地冻，现场人人都穿着羽绒服，却自始至终座无虚席。

中山大學
SUN YAT-SEN UNIVERSITY

关于教学效果的学问

- **人才目标**：近期、中期、长期、终极、单一、多元、外显、内涵（人才的成长环境）
- **师生关系**：互学、互利、付出、收获、影响力（教育的黄金原则）
- **教学方法**：因材、创新、类别、原理、践行（教师的职业本领）
- **课堂环境**：学习力的释放、知识的共建（教育的本真）
- **课外效益**：自主/合作学习、真实应用/体验（人才的成长过程）
- **教师发展**：教学相长、教研相益（"培养人才的人才"的学习）

19

提点：回到"教学效果的学问"这点上，我们需要认真思考哪些问题？

观点分享 ➡

人才目标决定教学方法

教学方法决定教学效果

学生：
社会人才

教师：培养
人才的人才

如何共同努力达到既定的教学目标/人才目标？

20

提点：这里提出的问题是从教师和学生都是人才的角度来讨论的。

幻灯片 19

观点分享 人才目标要通过近期、中期、长期目标的眼光、规律、计划、行动向终极目标努力。外语教学的终极目标就是“综合应用语言能力”的培养。任何单一的目标不如多元化的目标，任何外显的目标还需要有内在的修炼。

例如，如果外显的教学效果是“会考试”的话，那么人才培养还需要“会交际”、“会做人”的内涵。人才目标往往与人才的成长环境有关。

师生关系是教育的黄金原则，师生之间应该形成互学、互利、双付出、共收获、知识共建、交流伙伴的关系。

教学方法是教师的职业本领，要能够因材施教、创新教学，必须依据教育原理，践行理念，而不是盲目地跟风和依据个人的主观意志从教。

课堂环境指的是一切有利于学习力的释放、人与人的思想情感交流和知识共建的环境。

课外效益不是靠大量的课本作业，而是要靠提倡自主学习和合作学习相结合，真实地应用所学语言去实践并体验其中的过程，这是人才成长必经的过程。

教师是“培养人才的人才”，自身的学习状况直接影响教学效果。教师的学习在很大程度上来自教学相长、教研相益。

幻灯片 20

（请把你的观点写在这里。）

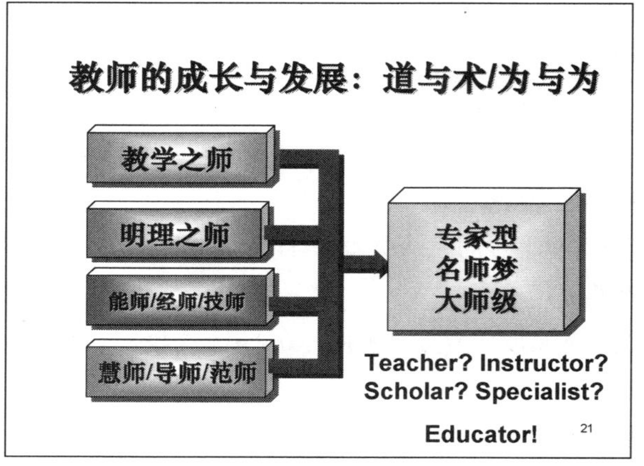

提点：这里提出的十种“师”型，具体指什么？

观点分享 ➡

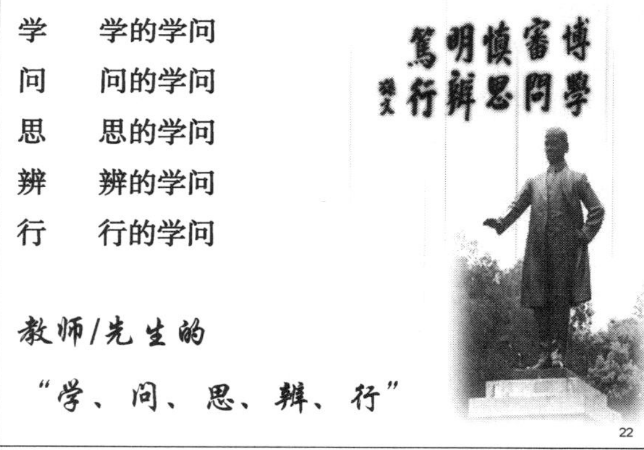

提点：当我们教导学生朝着“博学、审问、慎思、明辨、笃行”努力时，教师作为先生又当如何理解与践行，如何做好其中的学问呢？

观点分享 ➡

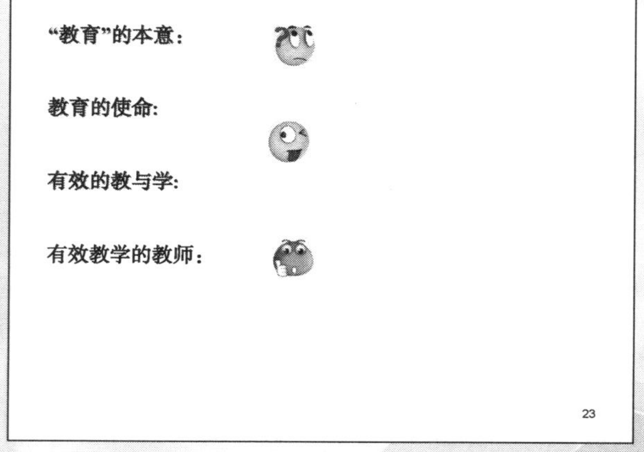

提点：请读者自己先思考这些问题。

幻灯片 21

观点分享 说到英语教师，我们千万不要被人说成“语言教练”。如前所述，只要谨记教育的终极目标、人才的培养和成长目标，我们就不是一般意义的教师，而是教育者。

“道”与“术”指的是教育之道、教学之术。有道有术，术随道走，道在术中。

“为”与“为”是两个同形不同音的字，前者指的是目标，为什么这样做。后者指的是行为和作为。两者要达成一致。

因此，教师的发展目标是从教学之师发展成为明白学理之师、能教会教之师、有经验之师、有技能之师、启迪智慧之师、导人成长之师、言行垂范之师。

“专家型”教师指的是有专长、有绝活、有独特的教学风格或魅力的教师。

“教学名师”，评选出来的校级、市级、省级、国家级的名师固然可贵，但名额毕竟有限，我们更在乎并追求成为学生心目中的、有大众口碑的、有记忆价值的名师。

至于“教育大师”，那是民族的顶级人物、国宝级大学者，更是任重而道远。

幻灯片 22

观点分享 教师作为培养人才的人才，一定要追问：“学习”是什么？如何才能使学习“发生”？外语教师自己要学什么？学习资源有哪些？“问题”的目的、意义、价值、类型有哪些？谁提出问题？为什么需要“问题意识”？“思辨”靠什么引发？什么样的课堂有思想的碰撞和交流？“行动”指的是什么？做语言练习、考题以及背诵能算语言交际行动吗？

幻灯片 23

（请把你的观点写在这里。）

"教育"的本意："抽引"（脑矿开采者）

教育的使命：学会**学习**、学会**思考**、学会**做事**、学会**做人**

有效的教与学：以学生为中心，着眼点在人的认知

有效教学的教师：

"鼓励法"、"任务法"、"互动法"、"刺激法"、"协作法"、"难题法"、"归纳法"、"放手型"、"赋权型"、"师生合作共建型"

多元文化时代，多媒介识读技能，多模态教与学，面临新环境新对象的学问思辨行：

24

提点：怎样的教导致怎样的学！怎样的学生决定怎样的教！

观点分享 ➡

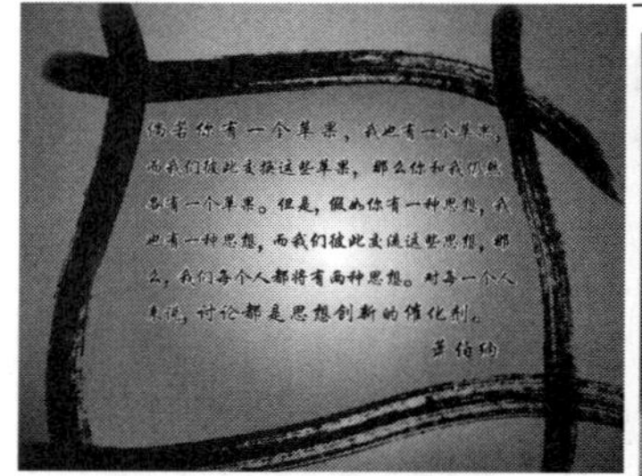

25

提点：英国文豪萧伯纳关于"交换苹果"和"交换思想"的精辟论述，某校教学楼设立的"讨论区"，无一不是说明让学生从书本中飞出来，在讨论中成长，在思想的天空中翱翔。

任务型团队式多媒体教学

教师台前幕后忙有所值

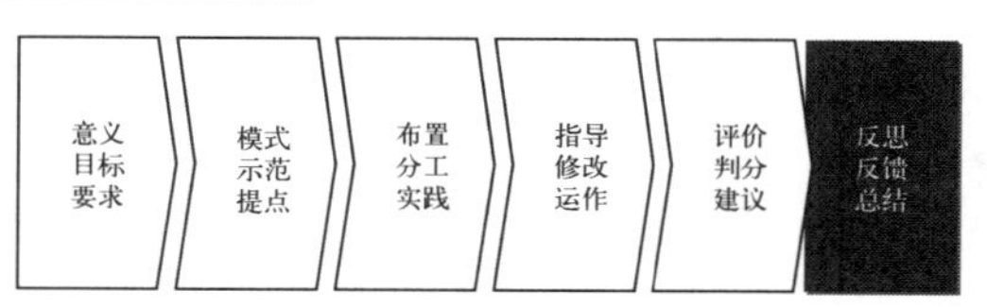

信息技术与教学的正相关联系；以学生为主体干中学习与教师相应发展的正相关联系！学生智慧及其成果对教师的反哺作用。

26

提点：要达到以上教学效果与目标，"任务型"教学法是一种值得提倡的有效方法。图中老师在学生身后，意味着什么？

观点分享 ➡

幻灯片 24

观点分享 从最早出现的拉丁语“教育”一词的定义来看，“教育”的本意是“抽引”，即抽引学生脑中的智慧。从这个意义出发，我们不难理解现代教育提倡的“以学生为中心”、“释放学习力”的教育理念和“启发法”、“鼓励法”、“任务法”、“互动法”、“刺激法”、“协作法”、“难题法”、“归纳法”等教学法以及“放手型”、“赋权型”、“师生合作共建型”等教育效果。

在如今多元文化时代，多媒介识读技术，多模态教与学，造就了新环境新对象的学问思辨行。

幻灯片 25

（请把你的观点写在这里。）

幻灯片 26

观点分享 “任务型”教学的一大特征就是赋权给学生，让学生做事。在计划、实施、指导、评价、总结、反思这些基本环节中，老师不去代劳，而是台前幕后忙有所值。

设计、布置和指导都做到位的“任务型”教学一定能够产生许多师生互利共生双赢的相关效益。例如：1）信息技术与教学的正相关联系，因为学生和教师都处在同一个信息时代。2）以学生为主体干中学习与教师相应发展的正相关联系，因为学生在干的过程中需要教师及时的指导，这就培养了教师解决问题的能力。3）学生的智慧及其成果对教师也会产生令人欣喜的反哺作用。

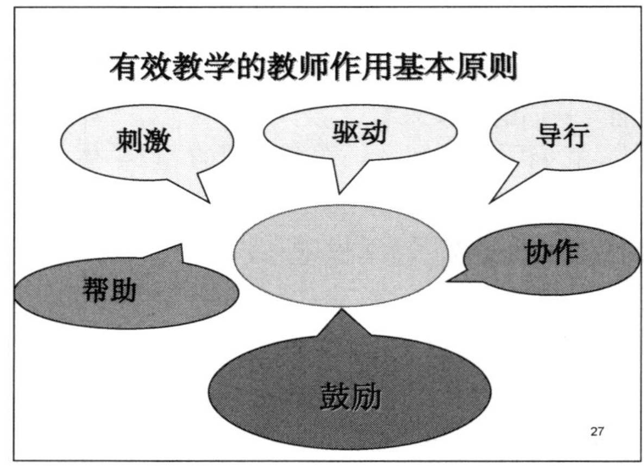

提点：老师的功劳在于什么？

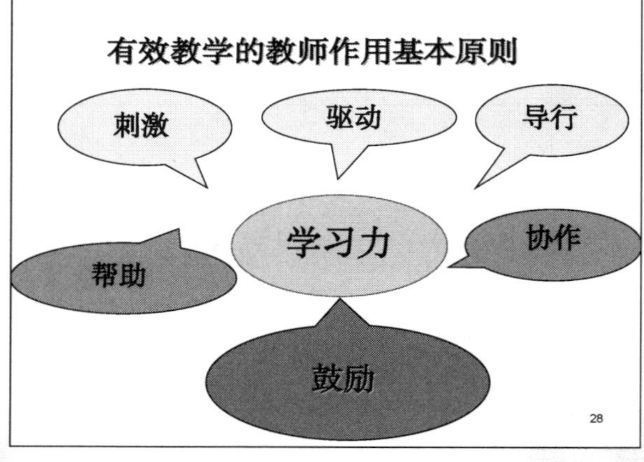

观点分享

提点：我们回头再来复习一下相关的学习理论。请读者自己先复习思考。

有效教学的认知理论

1 建构主义理论：
2 学习效能理论：
3 任务型教学法理论：
4 创造力培养理论：

29

幻灯片 27

(请把你的观点写在这里。)

幻灯片 28

观点分享 有效的教师能够产生有效的教学,即通过多种有效的手段和措施让学生释放出“学习力”。有了这样的学习力,就不愁学生不肯学、不想学、不会学、学不会。

幻灯片 29

(请把你的观点写在这里。)

有效教学的认知理论

1 **建构主义理论**：知识的探索与共建
2 **学习效能理论**：实践出真知（见“学习金字塔”实验：“听一遍不如看一遍，看一遍不如做一遍，做一遍不如教别人一遍”）
3 **任务型教学法理论**：真实社会的任务
4 **创造力培养理论**：左右脑交替使用，发散性与聚合性思维转换，“寻找事实—寻找问题—寻找方案—解决问题”培养模式（见“创造力之父保罗·托兰斯”）

30

观点分享

世界创造力之父保罗·托兰斯

培养有能力综合应用多种元素制造有意义的产品。（保罗·托兰斯）

一个人的创造力指数与其一生成就的关联度比智商高出三倍。（乔纳森·普吕克）

31

提点：世界创造力之父保罗•托兰斯对人才的创造力培养意义和方法作过详细的阐述。这是笔者在2010年《羊城晚报》教育版摘引的。

新媒介时代对教育创新的命题

- **第三次产业革命**：计算机、信息技术、数字化、网络化
- **教育的变化**：知识途径、来源、方式、获取、发布、传递、创新、集成、探索、建构、应该教什么和怎样教？
- **学习的革命**：学习资源、对象、方式、途径、表现形式、应该学什么和怎样学？
- **传统/现代的读写算能力及其教学法区别**
- **现代社会与生存方式**：多模态表达形式，多元识读能力（文化识读、技术识读，多元符号，多元文化交织）

32

提点：复习过有效教学的认知理论之后，再审视一下时代的变化对教育创新的命题。

观点分享

幻灯片30

观点分享 认知理论中,“建构主义”倡导师生共同探索和共建知识,而不是教师传授知识,学生接受知识,这和前面提到的“开采脑矿”教育是一致的。

“学习效能”不在于听了多少课,看了多少书,做了多少题,考了多少试。而是要实践、体验,并且自己掌握了之后还能教别人,这和学习任何一门手艺技术道理是一样的。

“任务型教学”在乎真实社会真实的任务,而不是课本上的练习、课堂里的活动。凡是人在真实社会要用语言处理的各种事情,例如寻找信息、筛选信息、处理信息、交流信息以及对观点意见的应答、争论、协商、辩解、说服、陈述、议论、评论等。

具备了以上三种基本的训练,才谈得上“创造力”。人才的创造力和创新力培养越早越好,越多越好。但我们的教育一旦不得法,往往就会不自觉地扼杀了学生的创造力。本页的插图就是想提醒教师不要做“捂脑盖”的人。

幻灯片31

(请把你的观点写在这里。)

幻灯片32

观点分享 第三次产业革命,即计算机的广泛应用、信息技术的普及、数字化和网络化的学习环境导致教育的变化与发展,包括知识途径和来源比过去增多,获取、发布、传递知识和信息的方式从单一的文本发展到电影电视和网络媒体立体化,对已有知识的创新、集成、探索、建构涉及应该教什么和怎样教的问题。

现代社会与生存方式,已经呈现出多模态表达形式、多元识读能力,包括文化识读、技术识读、多元符号识读,导致学习的革命:学习资源、对象、方式、途径、表现形式发生变化,因此涉及应该学什么和怎样学的问题。

传统的教育只注重文本化的读写算能力,而现代的读写算能力已经超越文本。这就涉及了教与学方法的不同。笔者预言,未来教学所依托的不仅仅是纸质文本教材,还有更多的途径,如iphone、ipad、QQ等生动流行的新兴科技产物。

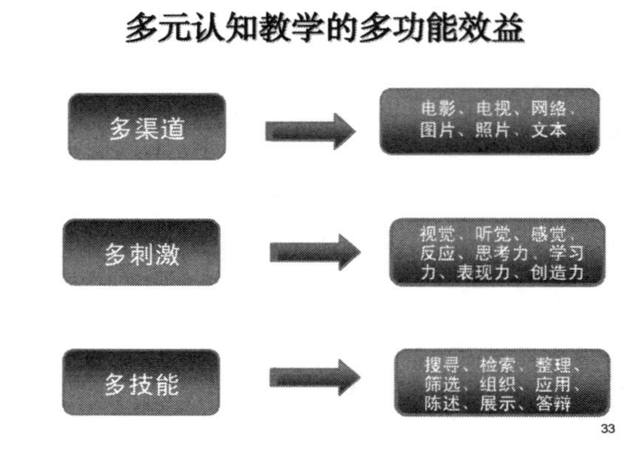

提点：多元认知教学的多功能效益在于多渠道、多刺激、多技能。这和以上提到的认知理论与社会变迁及时代特征息息相关。

有效教学的生本理论

- **学习的主人：**
- **学习的主体：**
- **学习的源泉：**
- **学习的过程：**
- **学习的成果：**
- **学习的方法：**

34

提点：我们再来讨论有效教学的生本理论。如何理解这些关键词？本页插图有什么含义？

有效教学的生本理论

学海打鱼的本领

- **学习的主人：**自我负责
- **学习的主体：**主观能动性
- **学习的源泉：**智慧的释放
- **学习的过程：**干中学习
- **学习的成果：**绩效才干，业绩论人才
- **学习的方法：**师傅领进门，修行在个人

（老师不代劳、不包办，学生自我赋权/行动）

35

观点分享

幻灯片33

（请把你的观点写在这里。）

幻灯片34

（请把你的观点写在这里。）

幻灯片35

观点分享 学生是学习的主人，就要让他们自我负责，而不是老师对他们负责。

学生是学习的主体，就要发挥其主观能动性，是“我要学”而不是“要我学”。

学生是学习的源泉，关键在于智慧的释放。一个班几十个学生的智慧释放出来，自然形成巨大的学习资源库。别忘了，学生本身就是学习的资源。

学生学习的过程比结果重要，所以要创造干中学习的机会。

学生学习的成果不是靠卷面成绩，而是应用所学去做事，以业绩论人才。

学生学习的方法不是读死书、背死书、做死题、听讲课、做笔记，而是师傅领进门，修行在个人。老师不代劳、不包办，学生自我赋权、积极行动。

插图的含义是让学生学会学海打鱼的本领，而不是题海捞分的本事。

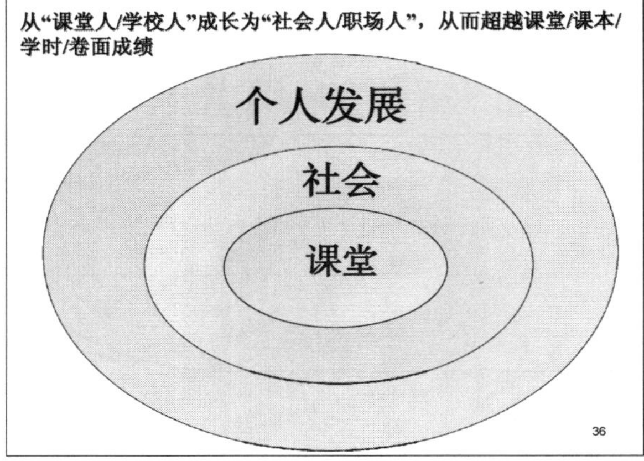

提点: 这张"人才发展层次图"各有什么目标?

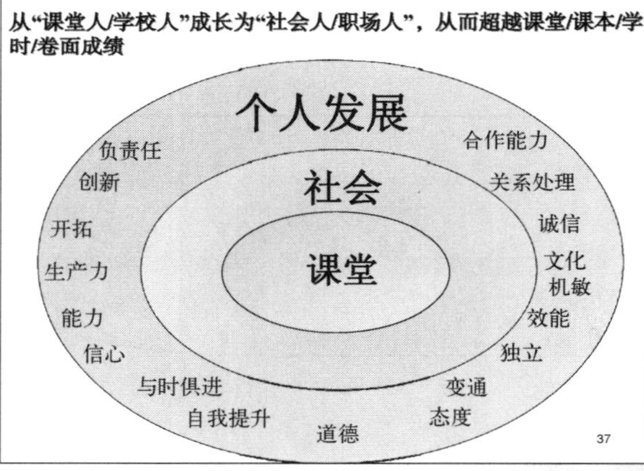

观点分享

提点:"以学生为中心"和"以学生为学习本体"的生本理论在当代尤为重要,因为学生在变化。有什么变化?

学生的变化

- 21世纪中国基础教育**新课标**的改革效果（课堂教学方法、模式、教材、高考、课外活动、技能竞赛等等，英语为例）
- 21世纪全球化新时代新社会的学习**环境与条件**变化的效益（网络、媒体、辅导、集训、出国等）
- 21世纪学生**国际交流**机会（西学东渐，西方影响）
- 学生对教师、学校、教学方法等方面的新期望及其相应的新要求与新标准
- 学生"见多识广"、"自我中心"、"与时俱进"、"敢于挑战"

38

观点分享

幻灯片36

（请把你的观点写在这里。）

幻灯片37

观点分享 课堂人/学校人：20世纪30年代世界著名教育家杜威就提出“学校即社会”的教育理念和人才目标，就是要把课堂和学校里的教学与社会人的行为紧密结合。

社会人/职场人：这里提供的人才目标词都是选自世界500强优秀企业招聘人才出现率最高的词汇，足以说明社会职场对人才标准的定位和需求。学校应当以此作为培养目标的参照。

幻灯片38

观点分享 21世纪中国基础教育新课标从2002年实施以来，在课堂教学方法与模式、教材、中考、高考、课外活动、技能竞赛等方面改革效果显著。以英语为例，任务型、交际法、玩中学、干中学、用中学，学习形式多种多样，教学活动与评价标准讲究实效。

21世纪全球化新时代新社会的学习环境与条件变得越来越有利于外语学习，学生可以充分地、自觉地利用网络、媒体、辅导、集训、出国等渠道加强巩固学校课堂和书本的学习。

21世纪学生国际交流机会比以往任何时期都多，形成西学东渐的态势。

受西方民主自由开放的思想、方法、行为以及市场经济形态等方面的影响，学生对教师、学校、教学方法等方面有了新期望以及与其相应的新要求与新标准。

总而言之，我们不能不承认，现当代的学生“见多识广”、“自我中心”、“与时俱进”、“敢于挑战”。

应变

- **客观世界的变化：** 人才标准在变，教学对象在变，教学环境在变。
- **主观行动的变化：** 不能以不变应万变，不能以传统教学理念、方法、态度应对，不能靠权威、专家、纪律压服管制。
- **国家领导人的要求：** 教育是国家发展的基石。有一流的教育才能有一流的人才，有一流的人才才能建设一流的国家。办好教育教师是关键。教者先强己。教师富有创新精神，才能培养出创新人才。百年大计教育为本。教育大计教师为本。教学改革要学思相结合、知行相统一。(温家宝2008)

39

提点： 有变化就要应对变化，不能以不变应万变。

观点分享 ➡

幻灯片39

观点分享 首先是客观世界的变化，不以人的主观意志为转移。人只能适应客观环境，却不能让客观环境适应自己。

外语教学界的客观环境变化包括人才市场的变化。凡是需要英语的企业、事业、工作单位、部门，对人才的英语应用能力、解决问题的能力、跨文化交际的能力、谈判协商的能力、会议记录、工作报告、计划推广、撰写项目书、快速阅读文件以及即时回应等用语言做事的能力要求很高，不是只会考试的人就能具备的。早在上个世纪90年代，广东许多乡镇企业都已在招聘环节把这样的关。企业把应聘人请到酒店，让他们分头进入不同的房间，面对人事部、市场部、营销部、公关部、研究开发部、文秘办等招聘人员，完成指定的任务，包括用英语起草推广计划，用英语回复一封海外来信，梳理分类英语文件，翻译海外来电或合同，解答用英语提出的工作难题等需要运用语言应用能力来解决的问题。

客观世界的变化还有教学对象的变化，即学生的变化，本章已在上文阐述。

客观世界的变化当然包括教学环境、条件、要求的变化。如今不少学校在多媒体技术和网络化课室已十分先进。另外，英语国家来华任教的教师队伍、英语专业或师范专业毕业的研究生到校任教等已经比较普遍。国家级教学大纲、课程标准的要求在逐步提高。

主观行动的变化指的是教师个人的教学行为，不能以传统教学理念、方法、态度应对，不能靠权威、专家、纪律压服管制生效。教师要掌握多种体现现代元素的教学方法，例如，任务型教学法、真实性交际化教学与测试。这些教学法在《义务教育英语课程标准》的案例部分都提供了生动具体的引导。

温家宝总理在2008年对教育是国家发展的基石的主题讲话语重心长，意义深远，我们要深刻领会。例如，外语教师的教学创新问题、外语教学的知行统一问题，都是教学方法和教学效果如何达成一致的问题。

Knowing | Doing

科学教育给人以灵性
骨骼

人文教育给人以人性
血肉

学术：学而有术

才干：有才能干

Being

40

提点： 说一千，道一万，教育的问题还是人才的问题。人才是什么概念？育才的标准是什么？

观点分享 →

幻灯片 40

观点分享 国际上对人才的标准定为3个 *-ing*:

Knowing 即 knowledge,指的是知识的来源和去向; doing 即 skills, capabilities, 指的是动脑、动手、动口、动笔、交流、做事的技能和能力; being 包括有思想的人(thinking being),有情感的人(emotional being),有创新能力的人(creative being),有生产力的人(productive being),有知识和智力的人(intelligent being),有社交能力的人/有社会性的人(social being),而不是书呆子或课堂人,有文化的人(cultural being),全球化的人(global being),活生生的人(human being)。我们的外语教学目标就是要培育这样的人才。

我国科学院院士杨叔子教授曾经说过"科学教育给人以灵性,那是人的骨骼; 人文教育给人以人性,那是人的血肉"。外语教学偏重人文性,也有工具性和社会性。

笔者认为人才要有"才干",即"有才"和"能干",缺一不可。外语教学既然有工具性、社会性、人文性,就应当培养才干。

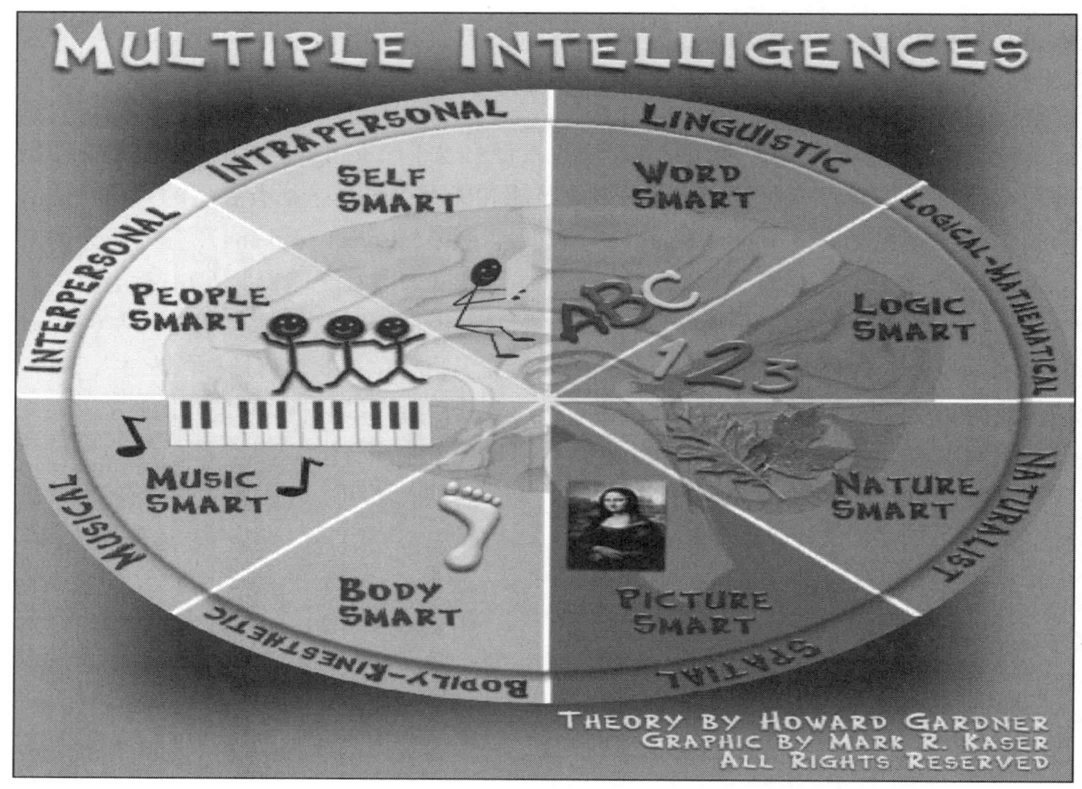

提点: 仔细看看这幅“多元智能发展”图，读者自己先应用已有知识进行解读。 **观点分享** ➡

幻灯片 41

观点分享 由曾任哈佛大学教育学院院长Howard Gardener创立的多元智能(multiple intelligences)发展理论把人才的智能培育集中分为: 1) 语言方面的(word smart); 2) 逻辑数学方面的(logic smart); 3) 自然科学方面的(nature smart); 4) 绘画艺术方面的(picture smart); 5) 体魄方面的(body smart); 6) 音乐方面的(music smart); 7) 人际之间的(people smart); 8) 个体内部的(self smart)这八个组成部分。

应该说，外语教学完全可以开发、培育、发展这八种智能。

首先，语言智能和技能。人的一生有三个三分之一基本活动：三分之一睡觉，不睡觉不行。三分之一说话，不说话无法生存。三分之一工作，工作中又需要大量的语言交流沟通。因此，人的一生其实有三分之二的时间和活动与语言有关。外语教学也是语言智能和技能培养的重要部分。

外语教学过程中提倡通过音像图文调动听觉、视觉、感觉；通过语言习得掌握人际之间的交际技能和个人内部的语言思维、思辨、思考以及书面口头的表达等技能。这些都脱离不了逻辑、自然、艺术、音乐、体语、人际、自我方面的智能。

值得一提的是，关于人类的聪明才智，在英语词汇中有：intelligence（智力/智能），wise（有智慧的），clever（聪明的），bright（聪慧的），smart（机灵的/精明）。对于人才来说，要避免死读书和读死书，避免高分低能。smart这个词还分为school smartness（会读书考试的精明人），street smartness（会应对和解决实际问题的精明人）。后者往往比前者在职场更吃香、更容易成功。这是因为后者更能在错综复杂的社会人际关系中灵活机动地处事待人。

美国著名的真人秀节目“谁是接班人”（*The Apprentice*）（也曾译作“飞黄腾达”、“学徒”）就通过组队接活，考核比试职场人才的合作与竞争能力、办事及与人相处能力，最终以挣钱多少论英雄。这个节目的口号是“Business is just business.”。不论参赛者的教育背景多么辉煌，不论他们在自己领域中多么成功，在新的挑战面前，在商界如战场的游戏圈里，在斗智斗勇斗策略的时机中，他们公平竞争。这一长达11季的节目的结果令人深思又发人深省。好几个回合都表现出：名校商学院的毕业生比不过普通高中生；雄心勃勃的男士比不过长期被人轻视的女士；自以为必胜的人比不过谦虚低调的人；缺乏自信的人很快就被老板淘汰；难相处、太以自我为中心、太跋扈、太有统治欲，缺乏大局观念、目标集成观念、团队合作观念、换位思维能力等类的人在失败时往往变成大家非议或针对的对象。在种种团队奋斗的过程中，我们可以看到语言的重要性、思维的重要性、交际的重要性、自我认知的重要性，应用得当则成功，否则就失败。虽然美国文化讲究成功的定义在于挣钱的多少。这对我们并不适用，但正如节目中选拔人才的大老板所强调的street smartness和business smartness的培养，也是值得我们参考的育才目标。

教学法要将科学、技术与艺术相结合

- **科学**：探究"是什么"
- **技术**：解决"怎样做"
- **艺术**：追求"做得好"
- 教育是启蒙、点击、积淀、输入、输出、栽培、引导、发现、创造；学生读死书往往是教师教死书的结果。
- 不创新的教学是重复自己的、僵化的教学，是一种职业慢性自杀，也是对学生学习力的扼杀。
- 教师要有"道高一尺，魔高一丈"的职业本领。
- 创新的教学首先来自观念的变革与创新，行为跟着观念走。

42

提点： 正如上一章所述，教学要将"科学"、"技术"与"艺术"相结合。在外语教学改革、创新、追求社会效益的时代，如何理解、实施并卓有成效地开展教学是每一位从教的人应该奋斗的目标。

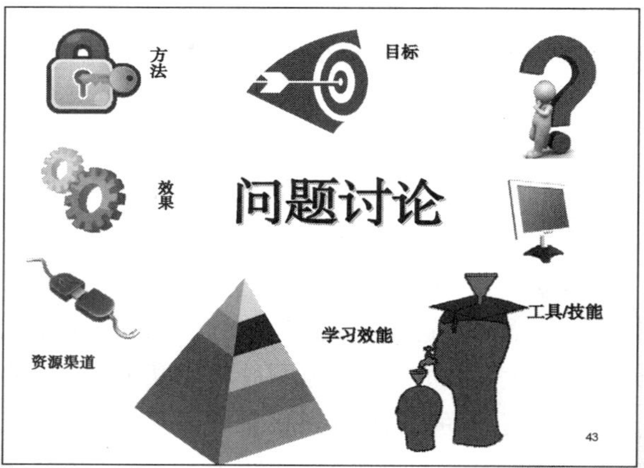

提点： 这里提供的插图和提出的讨论点涉及面很广泛。具体教学方法与教学效果如何一致，本书将在后续的章节里逐一推介。

结束语 ➡

幻灯片 42

（请把你的观点写在这里。）

幻灯片 43

（请把你的观点写在这里。）

幻灯片 44

结束语 课堂是教师赖以生存之地，也是尽显英雄本色的主战场，教师如何活得精彩，教得见效，且听下文分解。

第三章 第一堂课的设计

模拟提问：

当老师每学年都要换学生，怎样让新接手的学生对新任课的老师留下积极良好的印象从而精神饱满地上课呢？

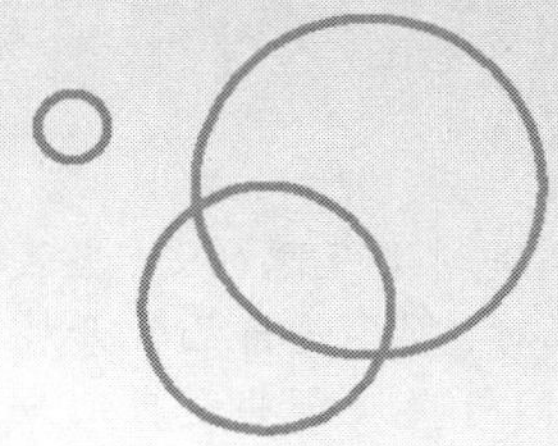

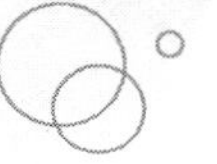

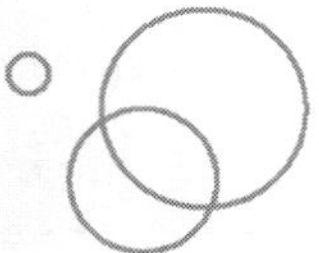

提点: 这是为教师培训设计的“基于课堂的教学微技能”工作坊系列中的一个专题。

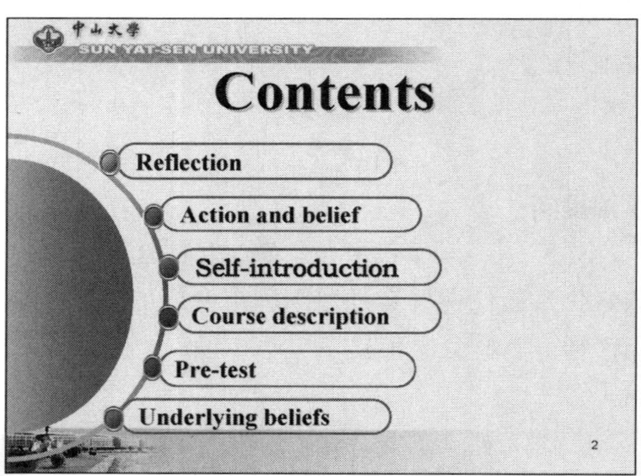

提点: 主要内容包括:反思自己第一堂课的上法,采取的行动及其背后的信念或理念,第一堂课最常用的自我介绍、课程介绍、摸底预测,以及开展这些活动的理念。

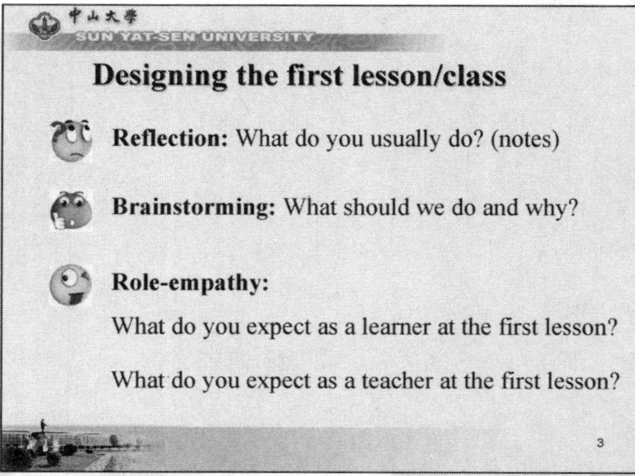

提点: 首先需要反思的是,当我们设计第一堂课时,哪些是自己常开展的活动,然后与同行交流哪些是我们应该开展的活动,最后分别以学生身份和教师身份进行角色体验对第一堂课分别有哪些期待。

观点分享 ➡

幻灯片1

（请把你的观点写在这里。）

幻灯片2

（请把你的观点写在这里。）

幻灯片3

观点分享 所谓第一堂课，是指接手任课后与教学班的学生第一次见面的那堂课。这种第一次亮相和相互认识的场合非常重要，原因是：1）教师要给学生最佳的第一印象。学生爱上你这个教师，才会爱上你教的课。2）教师要让学生清楚明白本课的课程目标、内容、方法、考评、要求，学生了解了课程后才会有心理和行动的准备。3）教师要了解学生的需求、缺失、兴趣才能有的放矢地教，才能教之有效；而学生有了兴趣才会积极投入学习。4）学生对新任老师会有猜测和了解的欲望，老师要趁机展示自己的魅力和特征。

在教师培训时，有的受训教师问"你通常开展的第一堂课活动"和"你应该开展的第一堂课"有什么区别。笔者回答，实际做的和应该做的事情两者之间不一定一致，即使偶然一致，也需要理性思考。

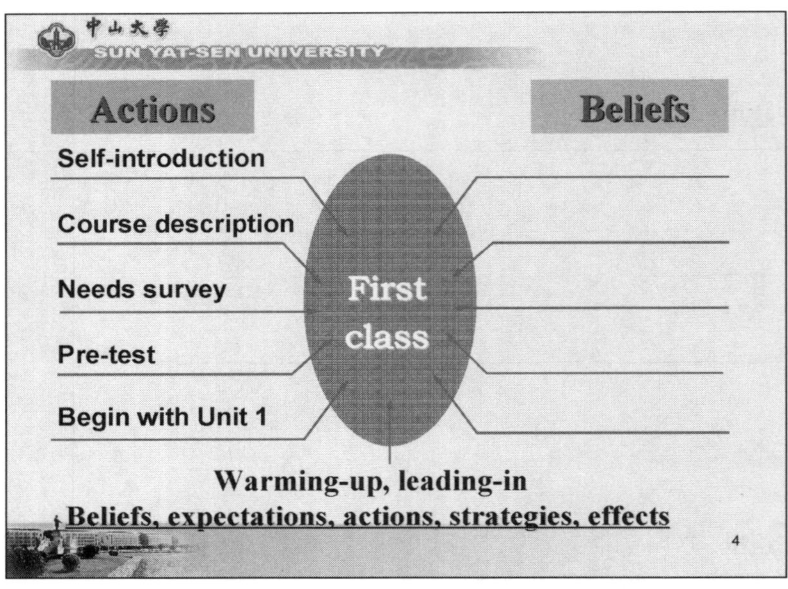

提点: 每一种具体的开课活动都有具体的理由，请读者自己想一想，有哪些理念、信念、观念、原因、理由、期望在驱使你采用这些活动，这些活动形式或者策略为什么会有效。

中山大學
SUN YAT-SEN UNIVERSITY

Underlying beliefs

A. Learning means forming a series of good habits from the start.
B. Learners should understand what the course is about to be properly oriented and motivated to learn.
C. Language is for communication. Learners should begin using it for this purpose.
D. Learners should take responsibility for their own learning.
E. Teacher must know about her learners.
F. It is difficult to work with strangers.
G. Learners' attitudes about the course will be formed quickly by the end of the first lesson.

5

提点: 笔者在此提供了一些经验归纳，供大家参考分析。

观点分享 →

幻灯片 4

（请把你的观点写在这里。）

幻灯片 5

观点分享　“学习需要一开始就养成良好的习惯。”那么，第一堂课怎样培养学生良好的学习习惯呢？什么是“良好”的学习习惯呢？

“学生要了解这门课程会学到什么才会有目的有动力地去学习。”那么，怎样推介这门课才能有此效果呢？

“语言是为交际服务的，学生应该一开始就为交际而学。”那么，怎样让学生在第一堂课就为交际而学语言呢？

“学生要为自己的学习负责。”那么，怎样在第一堂课就让学生明白这个道理并且使其自觉付诸于行动呢？

“教师必须了解自己的学生。”那么，新任课的老师如何在第一堂课了解自己的学生呢？

“与相互不认识的人一起活动不容易。”那么，怎样在第一堂课建立相互认识的环境呢？

“学生对这门课的态度在第一堂课结束时就能形成。”那么，怎样让学生建立积极的学习态度呢？

Underlying beliefs (cont.)

H. Teacher cannot teach learners properly unless she knows who they are and what their needs are.

I. Discipline is important in the classroom and the learners should be shown that early on.

J. Learning should be fun in order to be motivating.

K. Learners should believe that their teacher is well-qualified and interesting.

L. To be added on.

6

观点分享

提点：作为学生、教师和研究者三重身份，教师先对这些第一堂课的活动和设计及其目的、策略、反应、效果反思一下。

中山大學
SUN YAT-SEN UNIVERSITY

Sample activities for the first lesson

- **Welcoming and self-introduction** (forms and purposes)
- **Introduction to one another** (e.g. finding the right person: information cards, making a story)
- **On-site survey** (e.g. knowledge about the traditional and modern ELT approaches, expectation on the teacher, preference to the T/L methods, prior experience in English exposure, etc.)
- **Funny and humor materials as meaningful prompts** (movie/TV/video clips, photos/pictures, sayings/statements)
- **Making students' portfolios** (e.g. for four-year college life)
- **Wild guessing:** (to check students' knowledge about Chinese/English culture)

7

观点分享

幻灯片6

观点分享 “老师只有了解自己的学生是什么样的人以及有什么样的需求才会因材施教。”那么，怎样才能真实地了解学生呢？

“课堂纪律很重要，老师一开始就要让学生有章可循。”那么，什么样的课堂纪律有利于学生的学习呢？依靠纪律管教学生，还是通过纪律培养学生自我约束和对集体负责的品质呢？

“要让学生动起来，学习一定要有趣味性。”那么，怎样在第一堂课就给学生留下有趣的印象呢？

"要让学生知道这位老师的权威性和趣味性"。如何做到呢？

幻灯片 7

观点分享 对本页提供的范例进行具体设计。

●欢迎新同学和自我介绍：

第一堂课教师亮相时，要给学生亲切、和蔼、有趣甚至幽默的形象。可以设计以下活动。

例如：

1) Welcoming and encouraging remarks：事前先了解这班学生的亮点加以渲染鼓励，表扬他们。

2) Questions about the new teacher: What would you like to know me about? Just feel free to ask me any question about me. 可以事先准备好回答自己的中文名和英文名的由来，自己有特别纪念意义的经历和故事，能够反映自己特征、兴趣、特长的照片，往届学生对自己的评价或良好关系的例证等。

3) My personal web-site/blog/QQ: 最好通过这些现代元素拉近与学生的距离。

●学生相互认识：

如果学生也是第一次相聚一班，相互并不认识或不熟悉，就需要进行以下活动。

例如：

1) 个人信息卡片：每个人在卡片上写下自己的家乡、兴趣、座右铭，不写姓名。交给老师后，打乱次序，由学生依据捡到的卡片去寻找并核对信息，应用学过的英语提问。找到信息匹配的同学后，向全班介绍此人。

2) 用英语简单勾勒自己的人生故事片断，不写姓名。交给老师后，打乱次序，由学生依据捡到的故事去寻找故事里的人，应用学过的英语进行交流。找到后向全班介绍此人。

●即场调查：

为了了解学生，也为了让学生有表达心声的机会，还为了便于今后采用某种教学方法达成一致取向的目的，这种即场调查很有必要。

例如，

1) 让学生讨论并写出已知的"传统"和"现代"外语教学法在教师作用、学生角色、课堂环境、作业形式、考试权重、评价方式等方面的区别。

2) 学生对老师的期待。

3）学生对教学法的取向。

4）学生以往的英语学习经历。

如果学生能够选择比较一致倾向现代派的英语教学法，老师就可以名正言顺地开展这种方法，学生的配合度就不是大问题了。如果发现学生对老师的期待仍然是依赖性的，就要趁势引导。笔者本人多年的任务型教学法实践证明，学生早已经了解、熟悉、比较过现代外语教学法与传统教学法的区别，并且亲睐现代派的教学法。

● 利用幽默有趣的材料作为教学“刺激物”：

为了营造学习气氛，第一堂课可以精心挑选准备一些鲜活的、有指导意义的视频、音像、说法、段子、故事、新闻、照片、广告等，刺激学生思考什么是现代提倡的教学法，什么是有效的人才培养法，在笑声中感悟比严肃的教训有效得多。

● 指导学生制作各自的“学习档案”：

例如，第一堂课结束时，教给学生“个人学习档案”的模板，或者往届学生的样板。档案内包括学生自己的个人联系信息：姓名、学号、电话号码、电子邮箱、QQ号码等；个人兴趣、特长与座右铭；一年或者三年的英语学习计划与目标。这样做的目的在于既培养学生养成做事有计划的好习惯，也便于全班同学和老师的联系与了解。有意思的是，这种做法很符合人的“自我展示”心理，所以绝大多数学生做起来都会兴致勃勃。

● 盲猜活动：

第一堂课还可以通过精心设计的盲猜活动了解学生的已有知识。

例如：准备一些反映中国或英语国家文化现象的照片或图片让学生竞猜。这些照片或图片最好不是一目了然的，而是有悬念的、有猜测难度的，这样才有意思。

观点分享

幻灯片 8

观点分享 ● 反映心声活动：

第一堂课给学生机会反映心声也很重要。

例如，让他们通过画图说出自己的期待、对课程的关注点。这种图示可以是饼形图，划分关注点或需求的比例。有的学生两分法，有的学生四分法，还有的学生多分法。笔者教过的学生中还有人画一个圆，里面画一颗心，他期望老师爱学生。

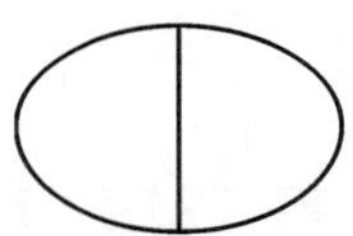
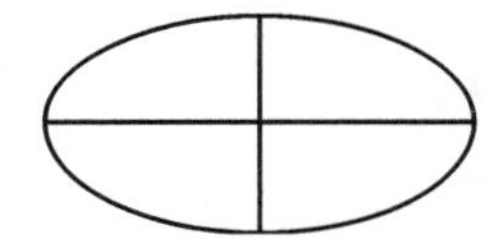
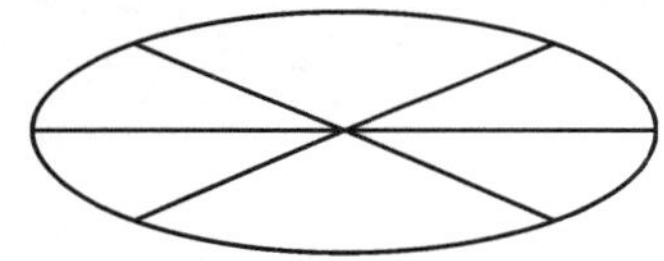

● 立规矩活动：

第一堂课要让全班达成共识，什么是班规，什么是底线，什么是标准要求等。全班监督执行。这就像制定“学习合同”一样，也像职场行为。

● 课程介绍/描述活动：第一堂课就课程的目的、内容、方法、测试、考评、要求全面交代清楚，特别是要实施全新教学法的话，更有必要让学生心中有数，知道努力的方向。课程介绍（course description）还可以通过教材预览（overview of the course book），特别是有特色的教材，完整全面地梳理一遍，让学生产生学习的欲望。

● 预测活动：

这种预测可以是考察学生的语言水平，也可以考察学生的智力状况，还可以考察学生对教学法的取向选择等。

● 游戏活动：

设计一些有助于学生了解本阶段学习要求的、激发学习欲望的、有挑战性的游戏。让学生觉得上这个课好玩、有趣、不枯燥。

● 专有词研习活动：

例如，“大学”、“高等教育”、“大学英语”、“大学生”、“自主学习”、“合作学习”、“职场人才”、“跨文化交际能力”、“全人发展”等。通过这些专有词的研习，加强现代教育观念对教学行为的导向性。

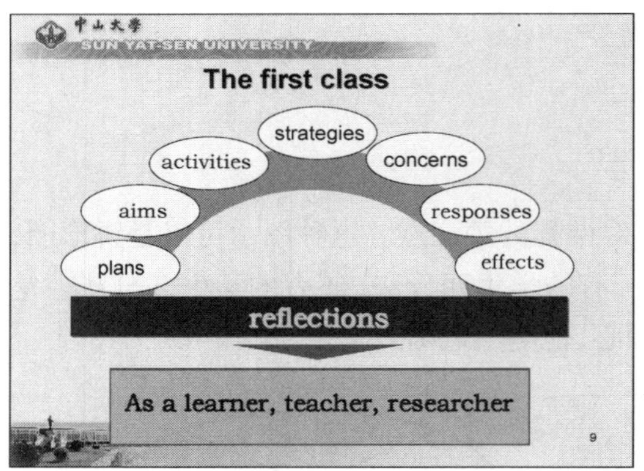

提点：下面将逐一对第一堂课教学活动进行细化学习与研究。

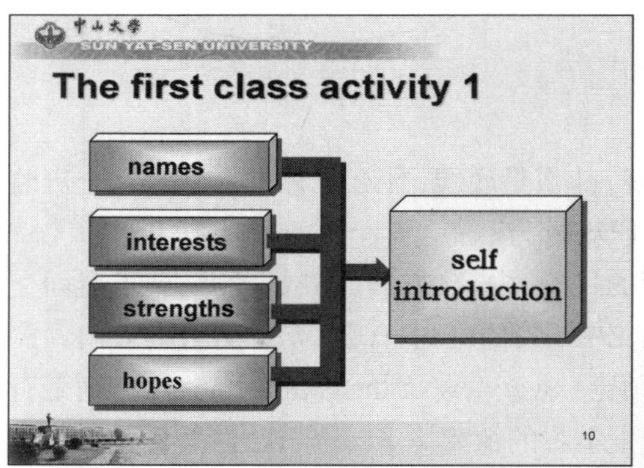

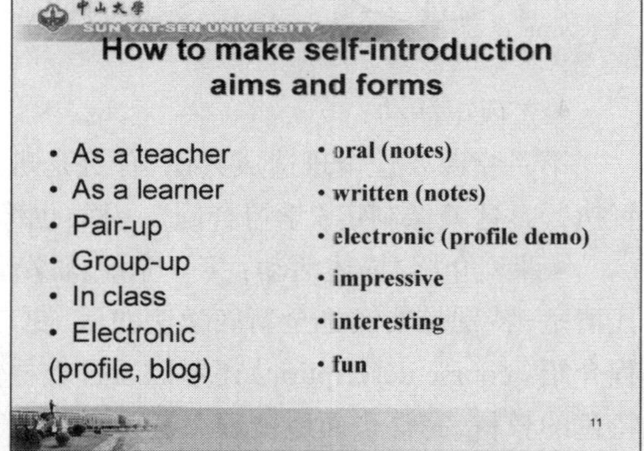

提点：首先是自我介绍，其目的与形式包括：增进了解，加强印象，减轻紧张度，建立快乐学习的环境与气氛。

观点分享 ➡

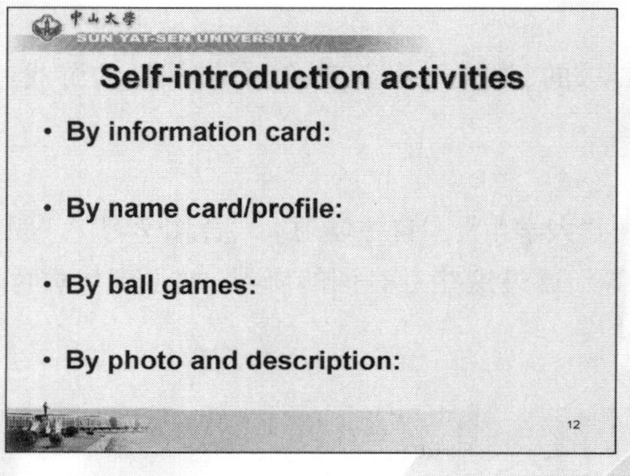

提点：这里提供的四种活动有些已经在本章上文介绍过。请读者复习。

观点分享 ➡

幻灯片 9

（请把你的观点写在这里。）

幻灯片 10–11

观点分享 要达到以上目的，形式要多种多样。有的老师上了一个学期的课，学生叫不出老师的姓名，老师也叫不出学生的姓名。所以在相互自我介绍时，要设计活动加强记忆。例如，口头、笔头、电子版三管齐下，要求个性化自我介绍。又如，结伴、组队、全班三个程序三次强化。另外还可以鼓励用幽默、搞笑、调侃的形式开自己的玩笑以便让人加深印象。老外比较喜欢让学生把自己的姓名写在纸片上，折成三角形架在桌上，每次都能叫出学生的名字。笔者也让学生找到自己最感舒适的座位，再把他们的名字记入座位表，每次可以对号叫出学生名字。

幻灯片 12

观点分享 “抛球”活动指的是让学生坐成大圆形，学生互相抛球。手中接到球的先报自己的姓名，说几句关于自己的话，然后扔给其他人。这样，经过几轮，大家就相互记住姓名并有所了解了。

出示照片或图片进行自我介绍也可以极富创意。例如，拿出自己童年的照片和现在的照片进行对比，拿出动物图片比喻自己的性格特征等。这样做的目的也是为了加强印象，同时活跃课堂班级气氛。

需要提醒的是，因为是外语学习，自我介绍环节最好坚持应用所学外语进行。必要时，也可以用母语补充说明。

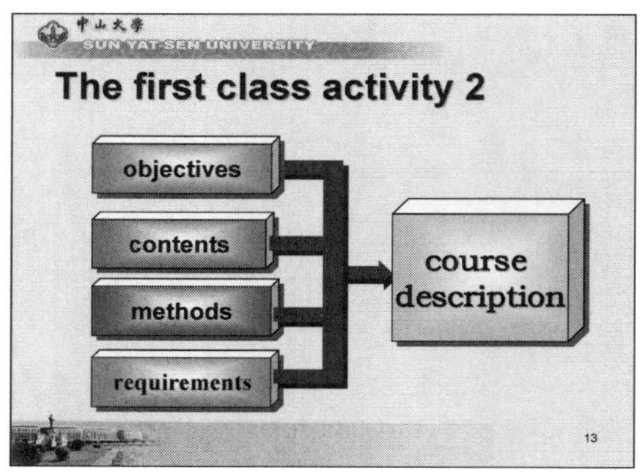

提点： 第一堂课第二个重点在“课程介绍”。

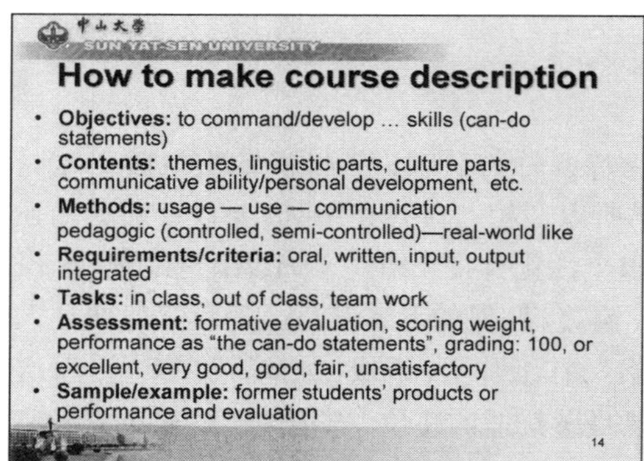

观点分享 ➡

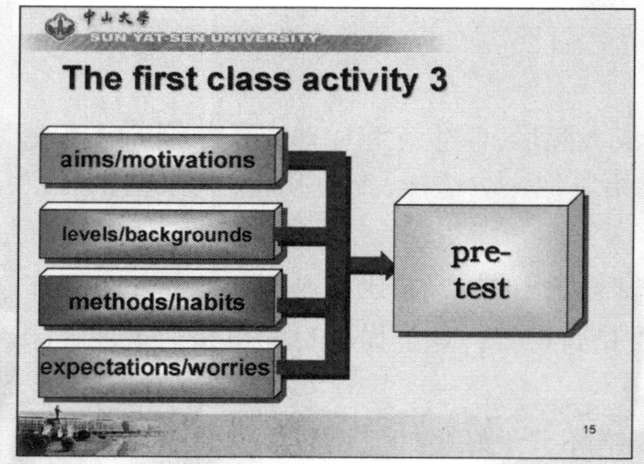

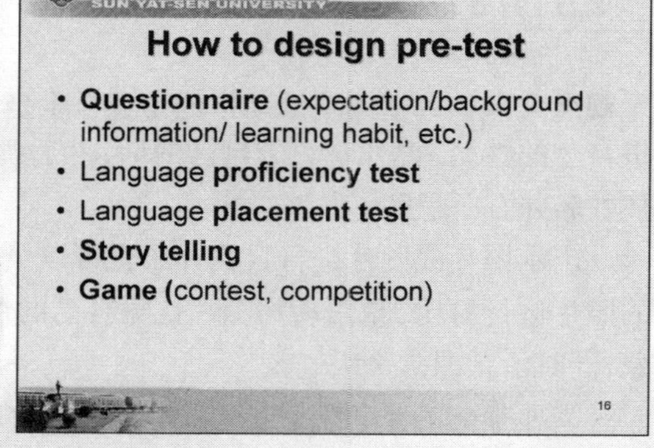

提点： 第一堂课还可以做“学前测验”或“预测”。

观点分享 ➡

幻灯片 13

（请把你的观点写在这里。）

幻灯片 14

观点分享 课程的目的和目标最好用现代提倡的can-do statements，即让学生明确学完了课程能用语言做什么。课程内容包括“主题”、“情景”、“文化”、“交际”、“人才培养”。教学方法强调从语言的“用法”向“应用”和“交际”转化，从“操纵型”向“真实应用”转化。教学要求要交待口头标准、笔头标准、输入量、输出形式和综合应用能力要求。学习任务包括课内、课外、团队任务。考核评价与成绩评定包括形成性评价、各自的权重以及针对“教学目标”进行达标验收的表现等。评分体制可以是百分制，也可以是五级水平计分。课程介绍之后，最好能展示往届学生的学习成果以及相应的成绩以示榜样。

幻灯片 15–16

观点分享 可以通过精心设计的“调查问卷”，了解学生的期待、背景、水平、学习习惯等。也可以设计“语言水平测试”或“分级水平测试”，目的可以是了解学生的已有水平、也可以是了解学生的水平层次差别，还可以了解学生在哪些方面有缺失。“讲故事”和“竞争性游戏”也是了解学生水平的趣味性手段。学前测验的关键在于调查问卷的设计。

Teacher training tasks

Design activities for the first lesson

- Discuss the factors about your class
- Design a 5–10 minutes' activity for the first lesson
- Give feedback to each other

17

观点分享 ➡

提点：这是给教师培训用的活动，受训者分析自己教学班的各种因素，设计第一堂课的活动，然后相互交流分享。

中山大學
SUN YAT-SEN UNIVERSITY

The end of the first lesson training

Write your feeling and thought on the journal entry about the first lesson tasks:

- what did the trainer do?
- What did the other trainees do?
- What did you do?
- What effects did the training bring upon you?
- Have you got more creative ideas of conducting the first class?

18

观点分享 ➡

提点：在培训结束时，笔者要求受训者回顾总结自己的收获。

幻灯片 17

观点分享 在高校，教师新任班级的因素可能有学生的专业、年级、男生多还是女生多、本地生源还是外地生源等。一般来说，文科和理工科不一样，男生和女生有差别，一年级新生和二年级老生有区别，发达地区集中的生源和欠发达地区的生源有区别，这些因素都要考虑。只有这样，设计才有的放矢，有所效果。

幻灯片 18

（请把你的观点写在这里。）

第四章 热身活动的设计

模拟提问：

什么是“热身活动”？外语教学为什么要“热身活动”？哪些属于“热身活动”？如何设计贴近真实生活的“热身活动”？

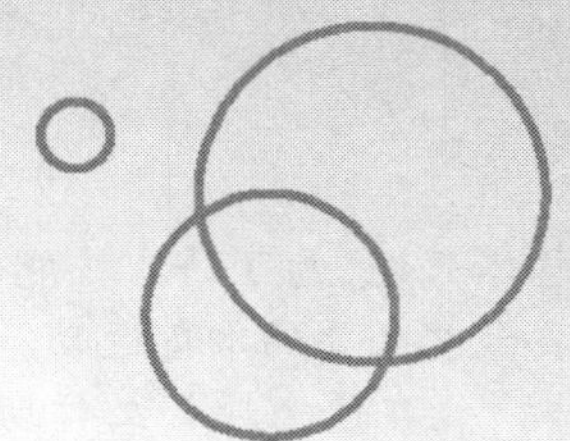

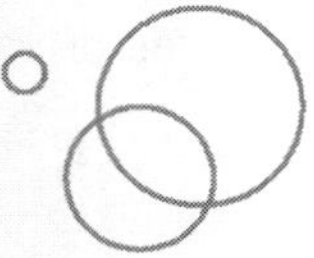

提点: 这是为教师培训设计的“基于课堂的教学微技能”工作坊系列专题之一。

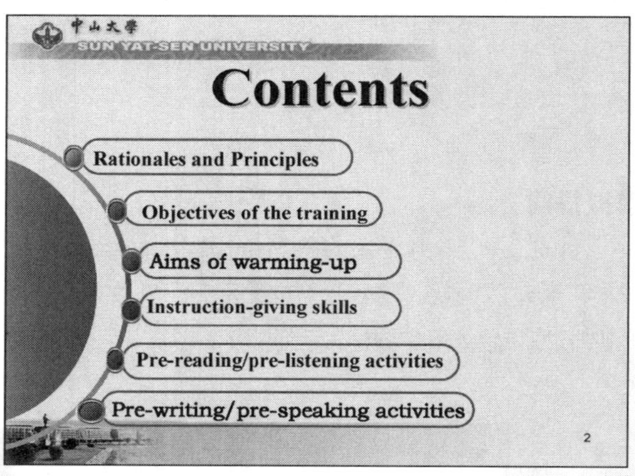

提点: 主要内容包括:热身活动的理念、原则、目的、技巧以及对读、听、写、说这些语言技能教学之前的必要的热身活动。

中山大學
SUN YAT-SEN UNIVERSITY

Objectives of the training

- Prepare our learners for language skills work
- Reflect upon our practice and beliefs
- Be introduced to various types of pre-skills or warming-up activities
- Have experienced and evaluated several warming-up activities
- Be able to design some pre-skills activities for your own learners

3

提点: 总体来说,为了语言技能的有效学习,需要做些必要的准备运动,也就是“热身活动”。在这个培训工作坊,受训者将反思自己相关的实践和信念,学习、体验和评价各种“热身活动”,最终能够设计自己教学用的热身活动。

幻灯片 1

（请把你的观点写在这里。）

幻灯片 2

（请把你的观点写在这里。）

幻灯片 3

（请把你的观点写在这里。）

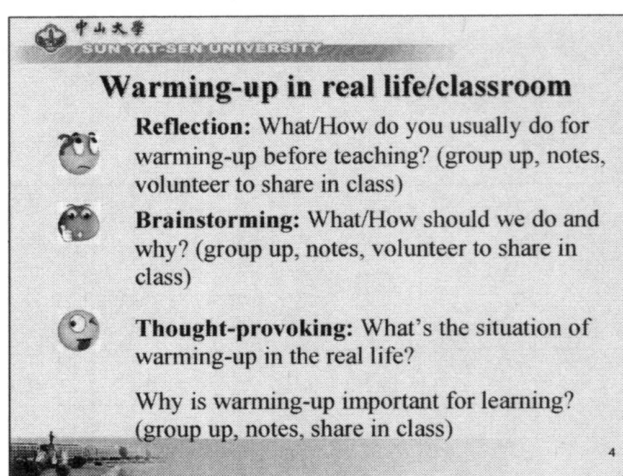

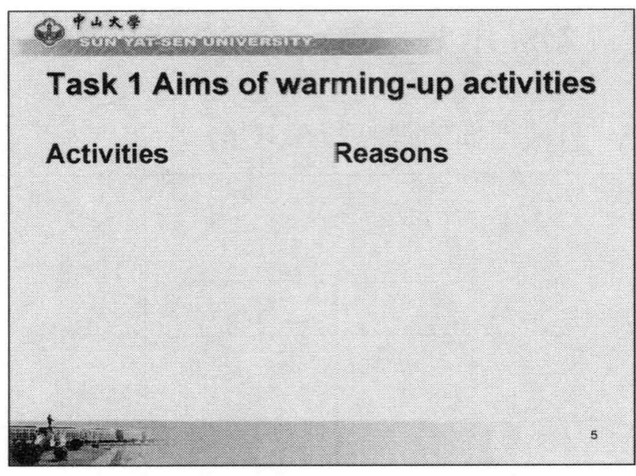

提点: 首先反思自己在教学前做了哪些热身活动，然后互相交流应该做哪些热身活动及其理由，再思考真实生活中人们有哪些热身活动以及为什么热身活动对学习如此重要。请读者依据此处培训活动的指令步骤作思考和讨论，再写出讨论要点。

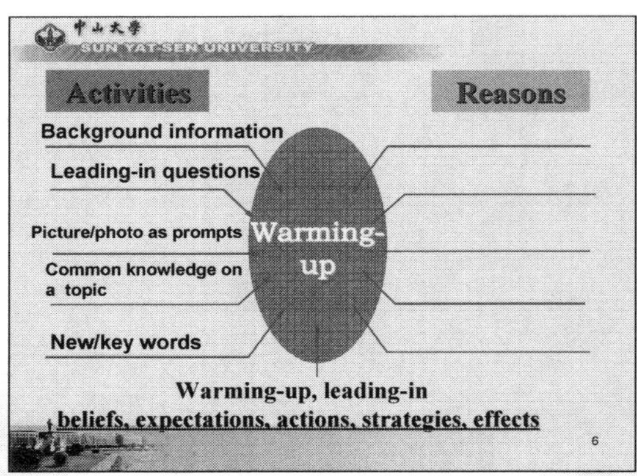

提点: 笔者提供了几种常用的热身活动，请写出相应的理由、期望的效果。

观点分享

中山大學
SUN YAT-SEN UNIVERSITY

Warming-up in real life

- Before you listen, read, write, talk, watch, what do you do? Why do you do so?
- Do you know, expect, guess, hope, predict before doing in your mind/head? Why? How?

7

观点分享

幻灯片 4–5

（请把你的观点写在这里。）

幻灯片 6

观点分享 提供背景知识或信息协助准备，提出导入性问题引发思考，出示图片刺激想象，预习生词扫除障碍，集思广益讨论一个相关问题，这些活动都属于必要的准备，也可以作为对将要进行的读写听说技能学习的重要性的提示。必要和自然的准备就是把语言教学过程生活化。

幻灯片 7

观点分享 在现实生活中，你在听、读、写、说、看之前会做什么？为什么要这样做？例如，你会不会在头脑里对要做的事情有所期待、有所猜测、有所了解？为什么？怎样做才会达到这样的目的？

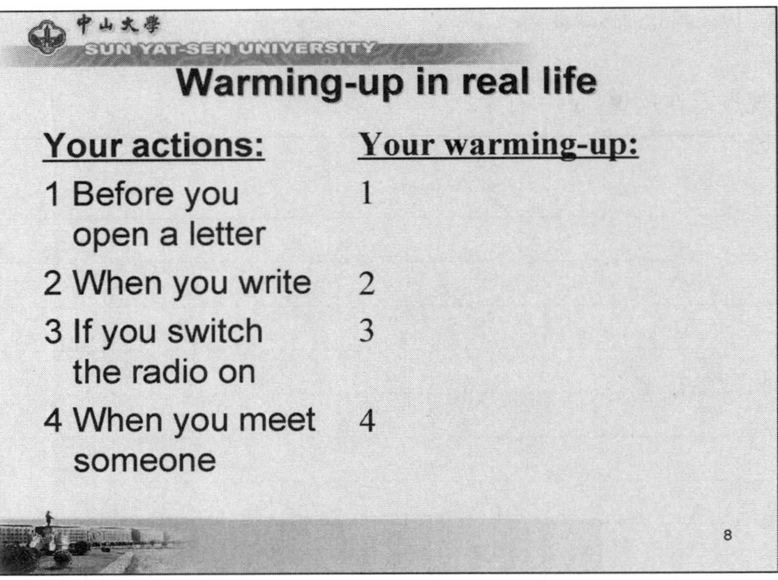

提点: 在现实生活中,当你打开一封信之前,当你动笔写作时,当你打开收音机时,当你要见一个人之前,都自然会做一些动作。这些动作会是什么呢?

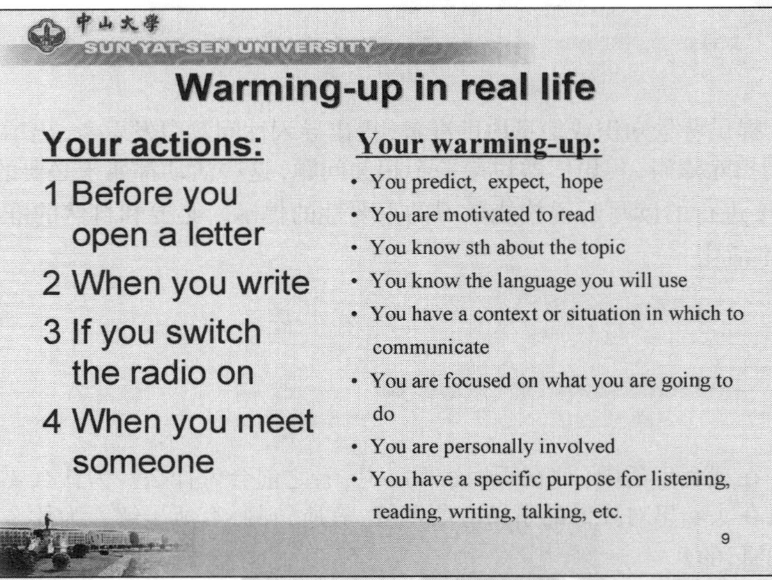

观点分享 →

幻灯片 8

（请把你的观点写在这里。）

幻灯片 9

观点分享 在现实生活中，当你打开一封信或邮件之前，你不自觉地会有热身活动，即预测是谁写或寄来的，心中有什么相应的期盼，有阅读的欲望甚至冲动。即使是一位常来常往的或者经常保持通讯联系的老朋友的来信，你也会有一连串的热身活动。例如，你会心中有数，知道他/她会说什么，他/她生活中发生了什么事情。

当你动笔写作时，你一定清楚写作的主题，要运用什么口气、语体或文体，要达到什么目的，有什么特殊具体的语境或情况。例如，你写的是工作报告，你心中很清楚是写给谁看的，要计划好写作框架和把握好措辞。即使是一张便条，你也知道是留给谁的，要写什么以及用什么口吻来写。

当你打开收音机时，心中可能已有具体明确的目的，想听什么，是新闻、故事还是音乐，从而决定要调到哪个电台。

当你要见一个人之前，一定会想与自己和对方有关的事宜，要谈什么，怎么说才好。

归而纳之，无论是读、写、听、谈，还是动手、动笔、动口、动眼之前，都必然有具体的行为目的并有所准备，或者是心理准备，或者是行动准备，或者是情绪准备。准备，就是“热身”。

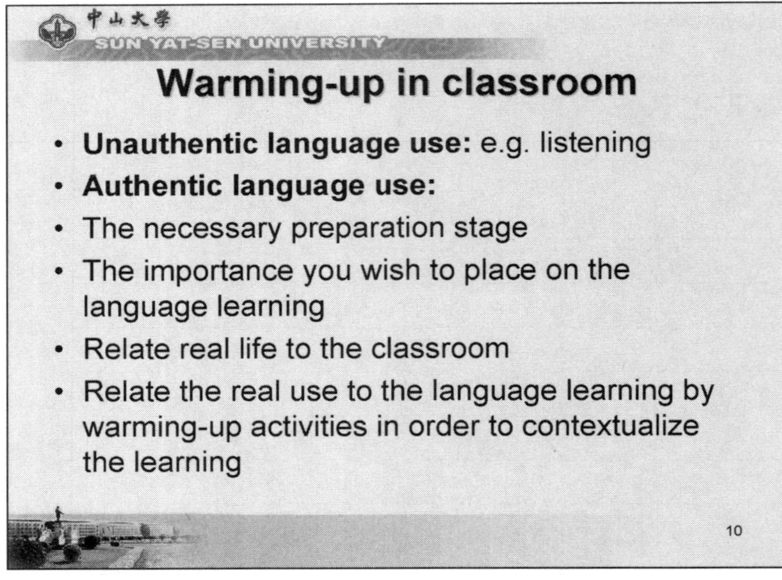

观点分享

提点：相比之下，想想我们的课堂教学状况，哪些符合真实语言应用行为，哪些不相符合呢？

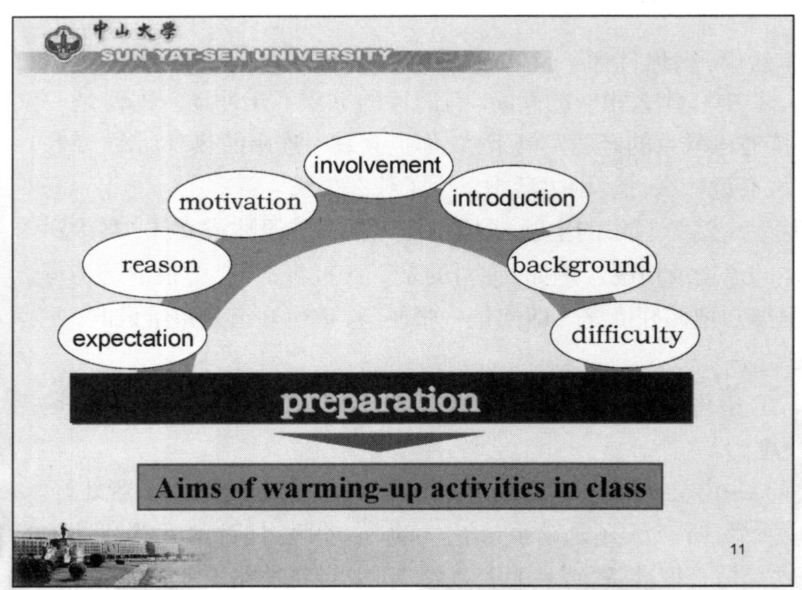

提点：课堂里的热身活动目的是准备。准备的原则有哪些？

幻灯片 10

观点分享 符合真实社会的行为一定事前有所准备。遗憾的是，不符合真实社会的课堂教学行为比比皆是。以听力教学为例，如果要学生听一段录音，事前没有背景交待，指令只是要求听几遍，然后做选择答案或真伪辨别或填空练习，最后核对答案。这样的听力教学就违背了"真实性"教学原则，没有了必要和正常的"热身"。真实社会任何人要听什么之前都不会盲目去听、为听而听，唐突地进入听力状态。因此，听力教学的指令应该尽量具体。例如：对比一下两种听力练习的指令：

1）Listen to the dialogue and choose the correct answer.

2）We are going to listen to a conversation between a salesman and his customer about a brand new product in the IT business.

显然，在第二种指令里交待了听力材料中的人物身份和谈话话题，学生才会有心理准备。然后，教师最好把听后的任务也详细具体布置，作为指令的一个组成部分，让学生知道要做什么，有什么听的目的。

总之，课堂里的教学活动之前必须有热身活动，这种热身就是准备。有了真实热身活动才能把真实的语言应用语境化，才有利于语言习得。

幻灯片 11

（请把你的观点写在这里。）

中山大學 SUN YAT-SEN UNIVERSITY

Aims of warming-up activities in class

The general goal is to help learners learn better.

Specifically:

- To create expectations about language, so that learners can understand better what is going to happen
- To give learners a reason to listen, read, speak or write
- To motivate learners to want to read or listen, speak or write
- To interest or intrigue learners in a topic
- To involve learners by asking for their ideas or knowledge about the topic

12

中山大學 SUN YAT-SEN UNIVERSITY

Aims of warming-up activities in class

- To introduce or pre-teach vocabulary or difficult language which might otherwise prevent learners from understanding
- To introduce learners to the topic, for example, by giving background information which is necessary for understanding or communicating
- To get learners communicating about the topic
- To draw attention to sth of importance
- To focus learners after a change in activity or if the lesson is beginning
- To prepare learners with language to use during the activity
- To provide links between different stages of a lesson

13

中山大學 SUN YAT-SEN UNIVERSITY

The general goal

- **Aim to make language learning a more meaningful and effective experience**
- **So that learners can be successful in their learning in the classroom.**
- **Authenticity, real-world like reading, listening, writing, talking, communication**

14

观点分享

中山大學 SUN YAT-SEN UNIVERSITY

Task 2 Pre-working instruction-giving skills

1 **Make a list** of factors which you consider to be important for effective instruction giving
(group up, make notes, share in class)

2 **Observation:** comment about the instruction by scale
4 very clear; 3 quite clear; 2 not very clear; 1 unclear

3 **Post-observation:** summary

- In general, successful or not
- Elements that make it particular, successful
- How to improve
- How about you
- What you have learnt from the observation

15

提点：教师在做准备运动时要给学生适当的指令，读者先想想有哪些指令因素要考虑。最好选取一些教材练习指令或观摩一些教师课堂活动的指令，进行评论，哪些是成功的，哪些需要改善。特别要给指令是否清晰打分。

幻灯片 12–14

观点分享 归纳起来，准备的目的可以分为两层意义：

1）引发欲望、期待、兴趣，了解话题或主题并调用已有相关的常识，知道要做什么，为什么做，达到什么目的。

2）扫除语言障碍，强调突出重点，实现真实交际，保障学习效果。

准备性的热身活动主要目的在于使语言学习过程变成有意义和有效的体验。有了真实性和社会化的体验，学生的学习才有成功可言。

幻灯片 15

（请把你的观点写在这里。）

中山大学 SUN YAT-SEN UNIVERSITY

Pre-working instruction-giving skills

clarity
vivid prompts
aids/hints
checking
variables

16

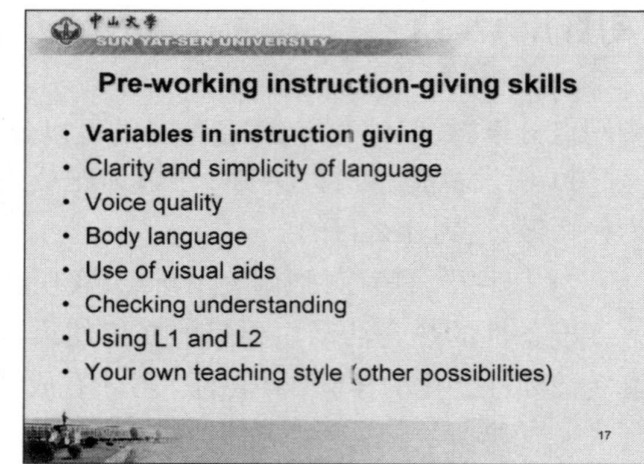

观点分享

Task 3 Warming-up before reading

- When you read an article from a magazine, what will you think or ask in the real action?
- When using magazine articles for teaching reading, what pre-reading skills do you use?
- What do you think the general topic of the article will be?
- What do you think might be in the section of the headlines?
- What would you hope to learn about the key words?
- What do you think the following words before reading?

personally-involved, title and sub-title, curiosity, prediction or guess, reading skills: scanning, skimming, fast reading, main idea, common sense, etc.

18

提点：下面我们开始对阅读教学的热身活动进行研讨。先想想现实生活中，要想阅读某个杂志的文章，你是怎样做的？再想想当你要教一篇杂志文章之前会做哪些读前准备？

观点分享

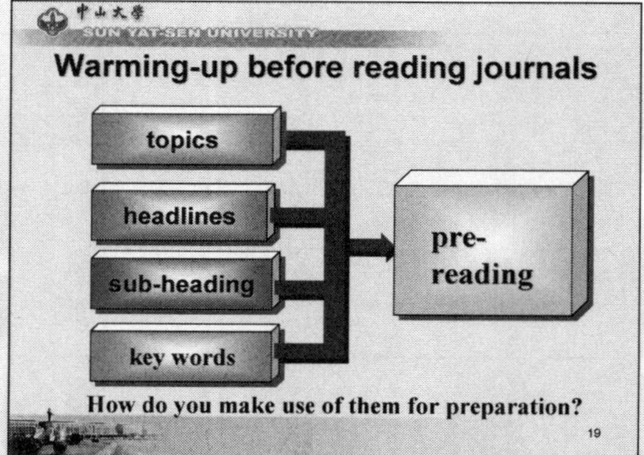

提点：所谓常识，就是习以为常的普通知识。例如，阅读期刊杂志文章，人们一定关注这里提到的几个部分。热身活动就从这些方面下手。

幻灯片 16–17

观点分享 给指令需要考虑多种因素或形式，例如，交代要清晰明了，说清楚要学生做什么；要有生动的刺激，即通过某些活动调用学生的感官和想象力；要有助于行动，还要复查理解领会程度。必要时，母语和外语同时或交替使用，以便保证学生领会无误并执行到位。

幻灯片 18

观点分享 我们阅读之前，一定是找与自己的关注或兴趣有关的文章，所以会浏览题目和副标题，对文章的内容或观点作些猜测，运用已有的一些阅读技能，例如，扫描式查读、浏览式快速阅读技能，迅速找出内容大意，满足好奇心。阅读是人们做得最多的日常活动，所以一定有常识经验。

幻灯片 19

（请把你的观点写在这里。）

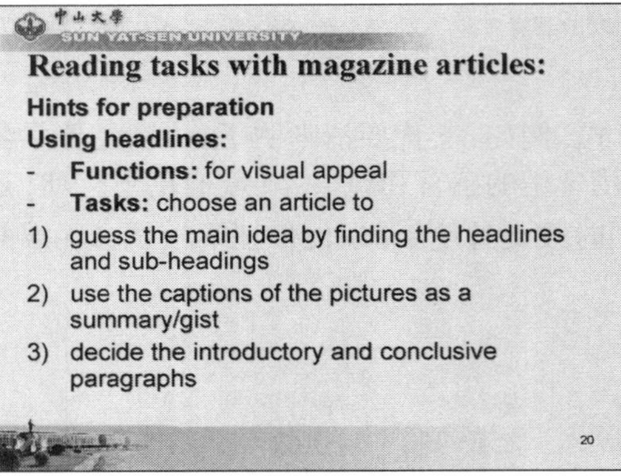
中山大学
SUN YAT-SEN UNIVERSITY
Reading tasks with magazine articles:
Hints for preparation
Using headlines:
- Functions: for visual appeal
- Tasks: choose an article to
1) guess the main idea by finding the headlines and sub-headings
2) use the captions of the pictures as a summary/gist
3) decide the introductory and conclusive paragraphs
20

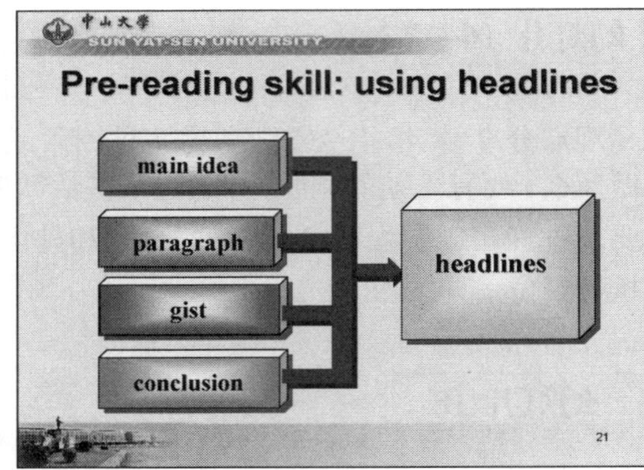
中山大学
SUN YAT-SEN UNIVERSITY
Pre-reading skill: using headlines
main idea
paragraph
gist
conclusion
headlines
21

观点分享

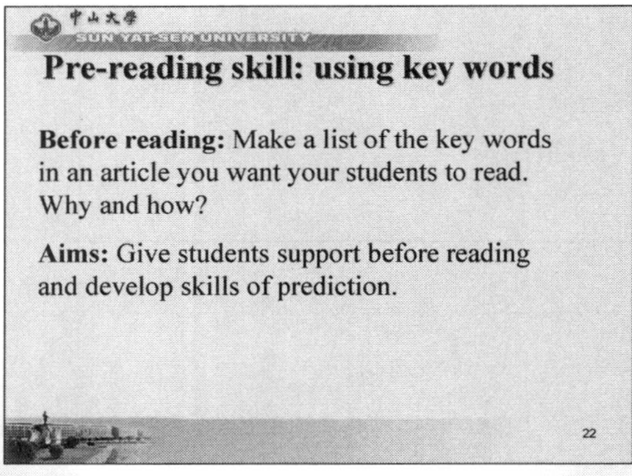
中山大学
SUN YAT-SEN UNIVERSITY
Pre-reading skill: using key words
Before reading: Make a list of the key words in an article you want your students to read. Why and how?
Aims: Give students support before reading and develop skills of prediction.
22

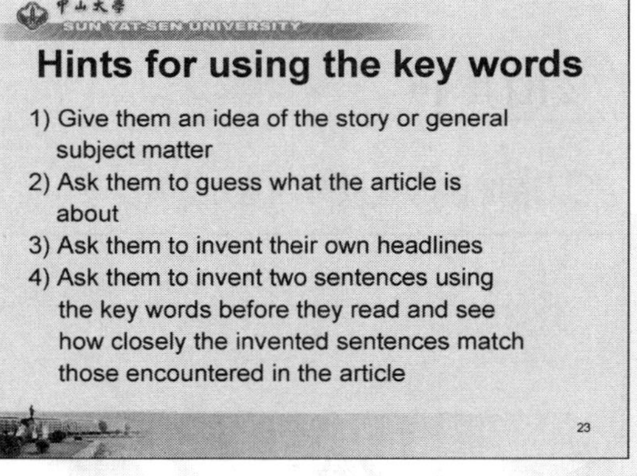
中山大学
SUN YAT-SEN UNIVERSITY
Hints for using the key words
1) Give them an idea of the story or general subject matter
2) Ask them to guess what the article is about
3) Ask them to invent their own headlines
4) Ask them to invent two sentences using the key words before they read and see how closely the invented sentences match those encountered in the article
23

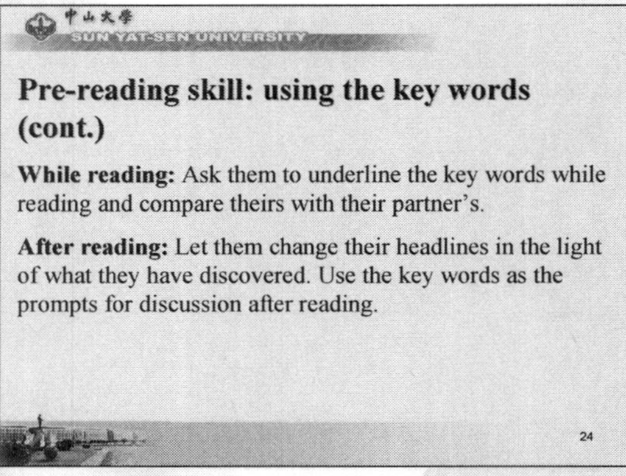
中山大学
SUN YAT-SEN UNIVERSITY
Pre-reading skill: using the key words (cont.)
While reading: Ask them to underline the key words while reading and compare theirs with their partner's.
After reading: Let them change their headlines in the light of what they have discovered. Use the key words as the prompts for discussion after reading.
24

观点分享

幻灯片 20–21

观点分享 利用标题：标题一般都很醒目，想通过眼球效应达到吸引读者的目的。这里给了一个培训任务，即选择一篇杂志文章展示如何让学生通过标题和副标题猜测文章内容，或者利用图片的配词作为归纳总结的导引，在认真仔细阅读之前就能猜出引言和结束语的大意。

幻灯片 22–24

观点分享 利用关键词：阅读之前，教师把文章中的关键词挑出来，让学生从中形成内容大意或主题概念。教师还可以让学生自己重新编出一个题目，或者应用给出的关键词编写几个句子。有了这些热身，学生在真正阅读时可以对照、检验，与此同时，还可以要求学生自己寻找关键词，将其与老师和其他同学的关键词作比较，进一步讨论或改换标题等，达到读者之间真实交流的效果。

Reflection and reaction

- How did the pre-reading activities help students to read more effectively?
- How has this task helped you to teach reading?
- How would you teach reading differently now?
- Create a pre-reading activity using key words or headlines for your chosen text.
- Share your pre-reading activity with each other.

25

提点： 在这个教师培训工作坊，每一种教学技能培训之前和之后都需要反思。对阅读热身活动这种技能，教师最好反思其对阅读教学的效果并开始设计与之前不同的教学策略。

观点分享

中山大學 SUN YAT-SEN UNIVERSITY

Task 4 Pre-listening skill

- What pre-listening activities do you usually do in your class and why?
- If you do nothing before listening practice, why not?
- What is the real-world listening like?
- How can we bring the social listening in the real world to the classroom?

26

提点： 听的技能和行为与读有相似之处，首先是接收信息。所以，先想一下自己通常在教听力之前有没有做些必要的热身活动，如果没有，为什么没有。在现实中人们听之前有做什么吗？如何把社会行为与课堂行为有机结合？

中山大學 SUN YAT-SEN UNIVERSITY

A dialogue between the grand child and her grandma

Pre-listening activity	Aims of the activity	Skills practised
A Using photo/picture	1) to contextualize the listening text 2) to motivate learners to listen	Writing and speaking past tense
B Personalizing		
C Predicting vocabulary		
D Predicting facts		
E Practising tenses		

27

提点： 这里提供一个教学案例，听力教学材料是A dialogue between the grand child and her grandma。请读者先试试填写表格内的栏目。第一栏已经给出范例。

幻灯片 25

观点分享 我们国内在外语教学中对阅读非常重视，但是阅读教学往往最沉闷也最无奈。究其原因，很可能就是违背真实社会人的阅读习惯所致，阅读之前的热身往往被忽略了。老师一上来就要求学生打开课本，开始逐段逐行逐句解释性阅读。学生完全没有心理准备、没有常识的调用、没有好奇心的驱使，盲目跟着老师听解释，这并不是一个正常读者行为。"阅读"是读者和作者的思想交流。

幻灯片 26

（请把你的观点写在这里。）

幻灯片 27

（请把你的观点写在这里。）

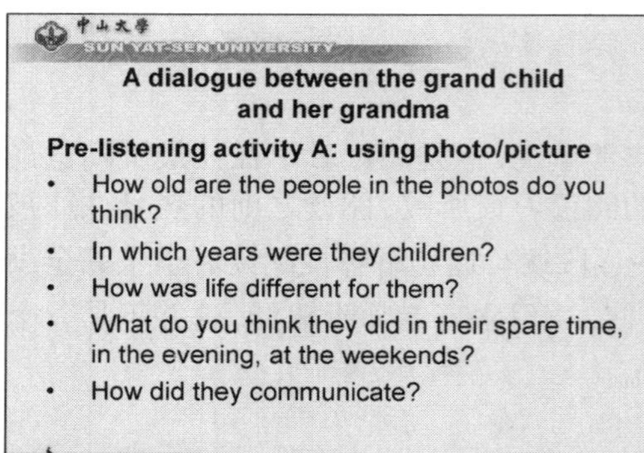

Pre-listening activity B: personalizing

- Tell a story about the teacher or student's own grandma who is at the age of 70's or 80's
- Her photos
- Her childhood
- Ask questions about her
- Take down the statements
- Introduce the character in the listening materials and their talking topics
- Listen and compare

29

观点分享

提点：第二种听前热身活动是"与己相关"的故事分享，老师或学生讲讲自己70－80岁祖父母的故事，展示他们的照片，讲讲他们的童年，让其他人发问，记下问题与回答，然后对听力材料中的人物和话题作介绍，听完后将听力材料中的信息与听前的热身讨论笔记作比较。

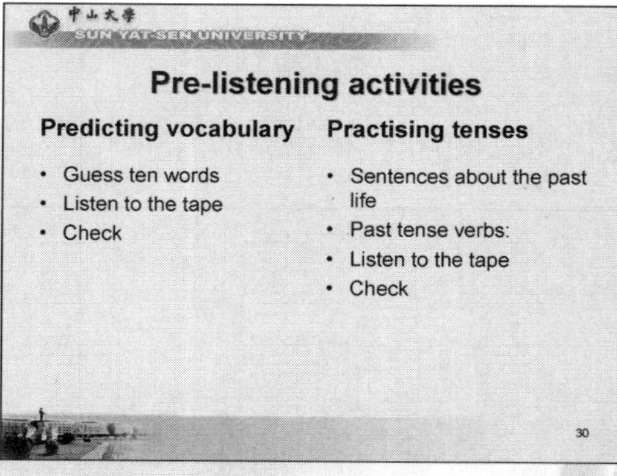

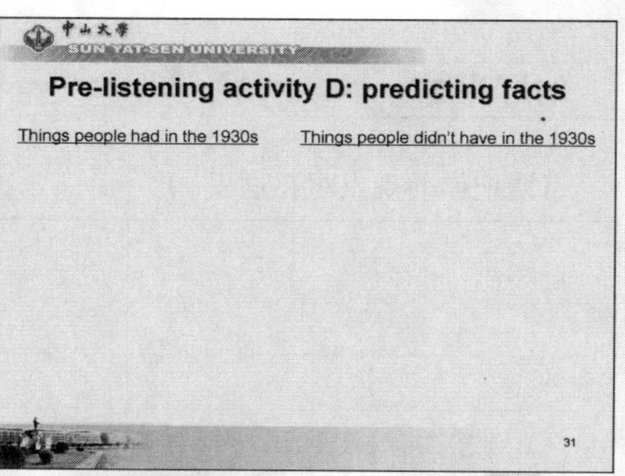

观点分享

提点：又如"预测事实"活动，在以上活动基础上，让学生调用已有的语言知识，预测可能出现的词汇和含过去时的句子，还可以让学生调用已有的历史知识，说出或写出老人的童年所处的20世纪30年代有和没有的东西。

幻灯片 28

观点分享 第一种听前热身活动是“看人物照片”，让学生看一张老奶奶的照片，猜测照片中的人有多大年纪，她的童年是哪个年代，当时的生活状态与现在有什么不同，她们那时如何打发空余时间、如何度过夜晚和周末，她们是如何交流沟通的。这种活动的目的在于为听奶奶和孙子的对话之前提供背景情况和引发听者的好奇心。

幻灯片 29

（请把你的观点写在这里。）

幻灯片 30–31

观点分享 例如，20世纪30年代中国大部分地区没有的东西：fridge，washing machine，electric light/fan，mobile/telephone，radio，television，record player，plane 等等。

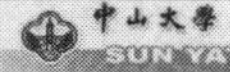

中山大学 SUN YAT-SEN UNIVERSITY

Reflections

- Reading and listening are both receptive skills which means that learners are receiving information from texts when they learn. Warming-up activities for such skills can therefore be similar. Write down as many as you can the similarities between warming-up activities for reading and listening.

32

提点：听和读都是接收信息的语言技能，所以两者具有许多相似之处。对中国学生来说，听力教学难度更大，因为缺乏英语语言环境，而且听是比较被动的行为。如果没有足够的热身准备，听的难度和效果可想而知。

观点分享

中山大学 SUN YAT-SEN UNIVERSITY

Task 5 Pre-writing skill

- What do you usually do before writing?
- What pre-writing activities do you do in your class and why?
- If you do nothing for writing practice, why not?
- What are the common problems when writing in English as a foreign language?
- How do you solve the problems?

33

提点：下面我们进入对写作的热身准备活动的讨论。先想一想：你通常在动笔之前做什么？你在教写作之前做什么或不做什么？为什么做或为什么不做？外语写作有什么难处？你是怎样解决的？

中山大学 SUN YAT-SEN UNIVERSITY

Problems	Possible pre-writing activity
Content: what to write	Brainstorming
Framework: how to organize the ideas	Model, sample, top-down, bottom-up, creation
Language: vocabulary and sentence patterns	

34

提点：这里提供了一个以难点为导向的任务，请读者自己填入写作难点及其解决方案。

幻灯片 32

观点分享 据了解，上个世纪许多初到英语国家留学的中国学生最怕接电话，因为不知谁打来的，要说什么。看不见说话的人，英语听力本来就差，一紧张就完全无法对话。结果，电话铃响时，没有人主动去接电话。这种状况归结起因还是热身问题。在外语教学过程中，对听和读的教学一定要加强热身准备的环节。

幻灯片 33

（请把你的观点写在这里。）

幻灯片 34

（请把你的观点写在这里。）

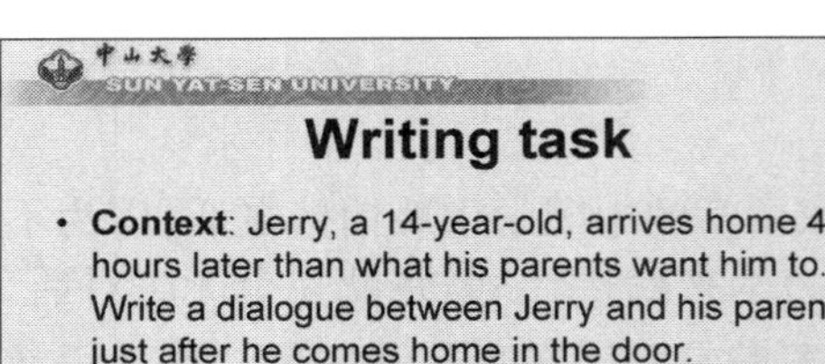

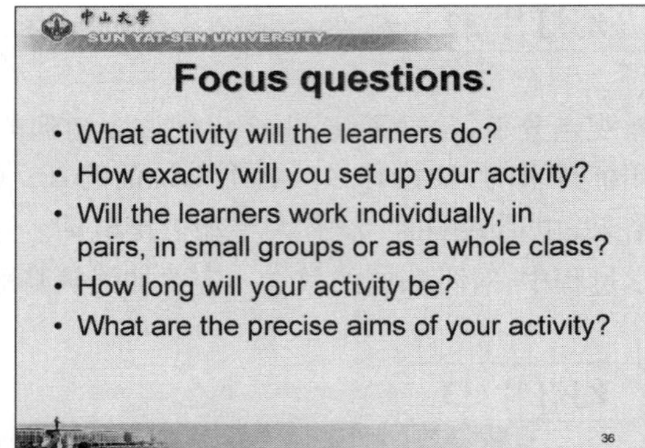

提点: 这里提供了一个写作任务,根据所给的背景和任务步骤,设计写作前热身活动。

提点: 在教师培训工作坊,受训者可以通过观摩交流,互相检查并反思。

观点分享 ➡

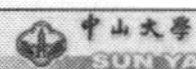

提点: 下面我们进入对口语的热身准备活动的讨论。先想一想:你通常在交谈之前做什么?你在教口语技能之前做什么或不做什么?为什么做或为什么不做?说外语有什么难处?你是怎样解决的?

幻灯片 35–36

（请把你的观点写在这里。）

幻灯片 37

观点分享 近年来，即使是大型重要英语考试的作文，也已经开始提供写作背景、内容提示、框架或文体要求，这是符合真实社会书面语言行为的做法。考试已经如此，教学更应该朝这个方向改进。

幻灯片 38

（请把你的观点写在这里。）

Role play: Two students are making a telephone call talking about each one's weekend activities.

Pre-speaking activity	Skills practised	Forms	Aims	Rank
Predicting				
Common knowledge				
Key words				
Photos/Pictures/ Cartoons/Cell phones				
Questions				

39

提点: 这里提供了一个电话交谈任务,根据所给的背景和任务步骤,设计热身活动。

Role play on phone call

Pre-talking activities

- Role cards, pictures, cartoons, cell phones, etc.
- Questions:
  - Is the caller a boy or a girl?
  - Why does the boy/girl call?
  - How do they greet each other?
  - How does the girl feel about being phoned?
  - What do the students usually do on weekends?
  - What are they going to do together?

40

观点分享

中山大学
SUN YAT-SEN UNIVERSITY

Role play on phone call

Pre-talking activities

- Key words:
  e.g. Saturday, Sunday, phone call, greeting, at home, party, film, invite, homework, cinema, outing, accept, available, turn down, enjoy, favorite, excited, happy, cool, etc.

41

提点: 提供电话交谈周末活动可能用到的词汇,目的在于为学生提供语言协助。

幻灯片 39

（请把你的观点写在这里。）

幻灯片 40

观点分享 可以让学生选择角色，设想打电话的是男生还是女生，为什么事情来电，如何称呼和开头寒暄，通常女生接到男生的电话会有什么反应或感觉，学生周末通常喜欢相约一起做什么，利用自己的手机进行模拟对话。

幻灯片 41

（请把你的观点写在这里。）

中山大學
SUN YAT-SEN UNIVERSITY

Reflections

- Speaking and writing are both productive skills as well as receptive skills. On the one hand, learners have to actively produce sth when they speak and write; on the other hand, both need interaction between readers and writer, between speaker and listener. Therefore, warming-up can be similar and important. Write down as many as you can the similarities between the two.

42

提点：过去认为写作和交谈都是产出性技能，现代研究认为两者还有接收技能，形成读者与作者、说话人与听话人之间的双向互动。这样，热身准备更显重要。

中山大學
SUN YAT-SEN UNIVERSITY

Further reading

- Grellet, Francoise. 1981 *Developing Reading Skills* (includes some warming-up activities to use with reading texts) CUP
- Grundy, Peter. 1993 *Newspapers* (many pre-skills activities to use with newspaper articles) OUP
- Hess, Nathalie. 1991 *Headstarts: One Hundred Original Pre-text Activities* (a hundred ideas for pre-reading activities Pilgrims-Addison Wesley Longman
- Ur, Penny. 1984 *Teaching Listening Comprehension* (real-life listening, how listening in real-life is related to classroom teaching) CUP

43

提点：最后，笔者提供了一些参考文献，对外语技能教学的“热身活动”或“学前活动”具有理论和实践两方面的指导作用。

中山大學
SUN YAT-SEN UNIVERSITY

References

- Rosie Tanner and Catherine Green. *Tasks for Teacher Education* Addison Wesley Longman 1998
- 夏纪梅《现代外语课程设计理论与实践》2003 上海外语教育出版社
- 夏纪梅《现代外语教学理念与行动》 2006 高等教育出版社
- 夏纪梅《21世纪报英语教育周刊》2010 “教师发展专栏”连载
- 夏纪梅《外语还可以这样教》2011 外语教学与研究出版社
- 夏纪梅《外语教师发展的知与行》2012 上海教育出版社

44

幻灯片 42

（请把你的观点写在这里。）

幻灯片 43–44

（请把你的观点写在这里。）

第五章 课文教学的创新

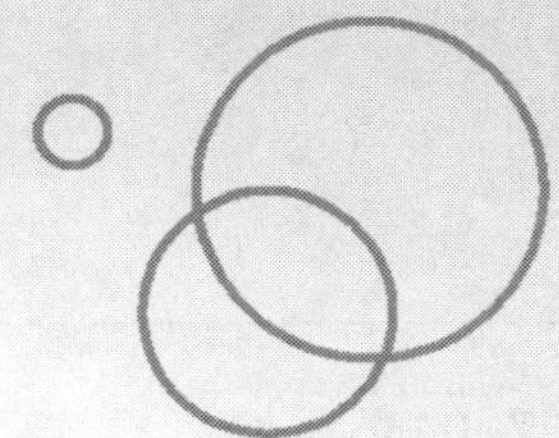

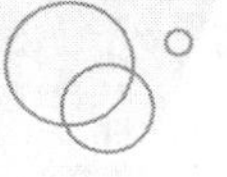

模拟提问：

课文教学是外语教学的主打，教师备课主要是备课文，课文教学创新有什么理念支撑？表现在哪些方面？

提点：这是为教师培训设计的“基于课堂的教学微技能”工作坊系列其中一个专题。页面提供的两幅照片分别想说明什么问题？

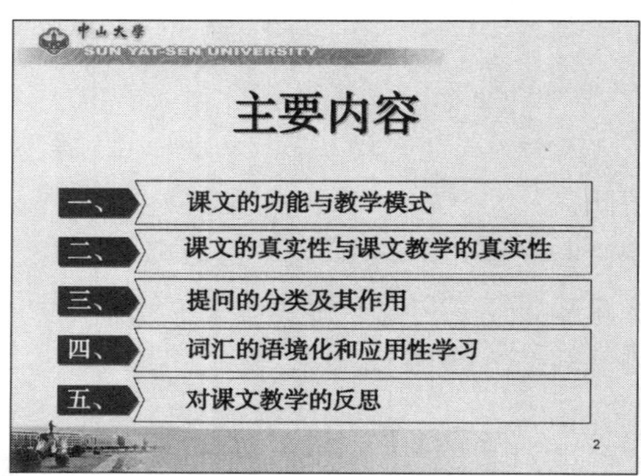

提点：本章主要围绕课文的功能和对课文教学相关的问题进行反思而后讨论如何创新方法和改善效果。

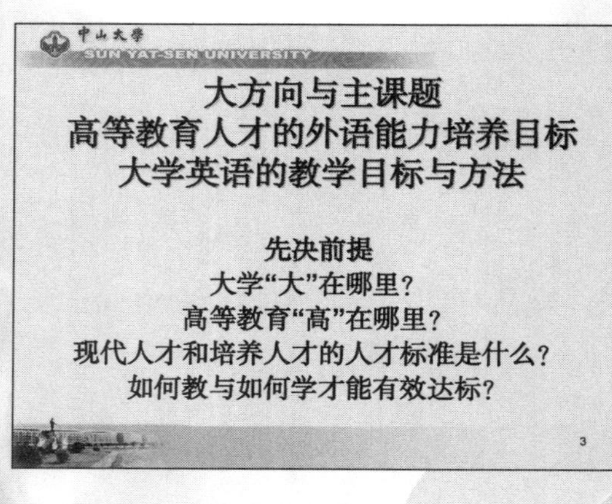

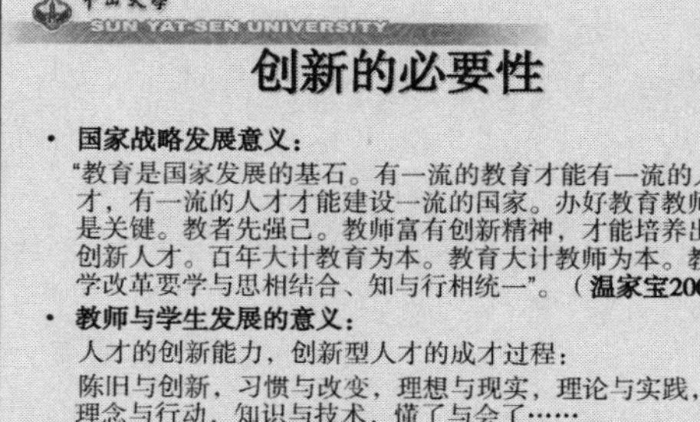

幻灯片 1

（请把你的观点写在这里。）

幻灯片 2

（请把你的观点写在这里。）

幻灯片 3–4

观点分享 无论做什么，都不能脱离大方向。课文教学也不能脱离教育的终极目标和人才培养的方向。我们教师需要反复问自己能给学生带来什么？难道只是几篇课文的讲解和一些生词例句吗？我们的使命在于点燃学生智慧的火花，协助学生掌握外语作为工具进行思维和交流。课文教学的创新是全方位的，是引领创新人才培养的主要途径。

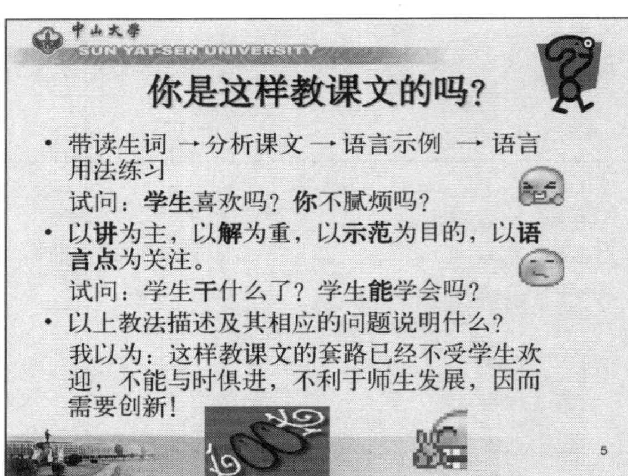

提点：这里笔者提出的课文教学模式几乎是外语教师再熟悉不过的。但笔者对此提出了批判性质疑与挑战，其原因是以现代学生的反应为着眼点。

提点：笔者研讨教学问题一贯奉行观念先导。这里提出的观念在本书前后几章都分别反复做了阐释。这里特别注意思考“课文是什么”的观念。

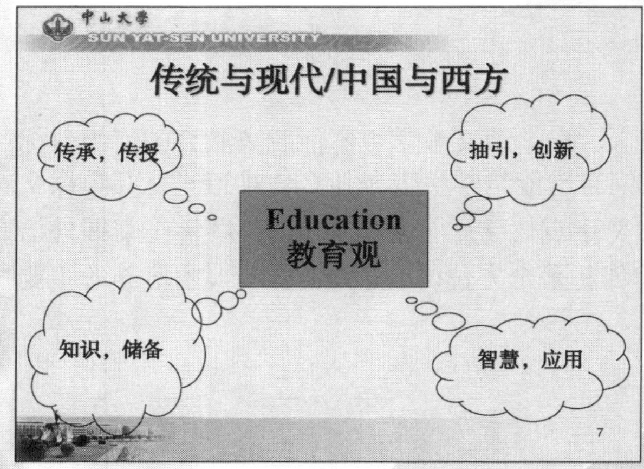

提点：如前所述，“教育”不是传承和灌输，而是抽引和挖掘。因此，教师是“脑矿开采者”，这在课文教学过程中如何体现？

幻灯片 5

（请把你的观点写在这里。）

幻灯片 6

（请把你的观点写在这里。）

幻灯片 7

（请把你的观点写在这里。）

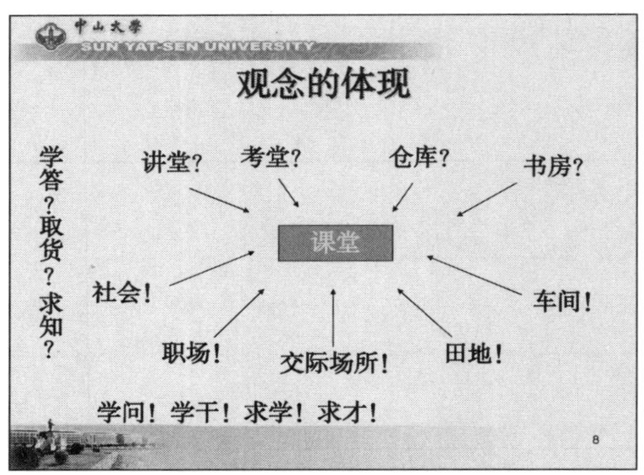

提点：“课堂观”打问号的显然是笔者不赞同的，打惊叹号的才是提倡和鼓励的。

观点分享

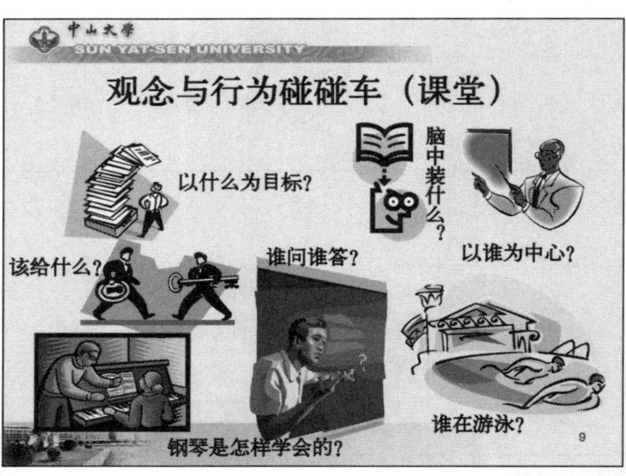

提点：求才、求学、求知靠什么？

提点：如今的学生已经不满足教师的喂养。如本书多次提到，现在的学生通过多种媒体网络渠道见多识广，在知识方面甚至可能超过那些不与时俱进的教师。

观点分享

幻灯片 8

观点分享 现代课堂观所支撑的理念是：课堂不是给学生来“取货”的仓库，而是来“工作/做事”的“车间”；不是来“听书”的“讲堂”或“看书”的“书房”，而是来“交流”的“社会”或“职场”，是求才、求学、求知的地方；学生在课堂里应该不只是学答，而是学问和学干。

幻灯片 9

观点分享 在现代课堂观指导下的课堂行为可以比作“学游泳”或“学弹琴”或学任何需要学生自己掌握的技能。技能不是靠教师给，而是靠自己练，一切技能性的本事教师无法代劳。因此，课文的解读应该是学生的事情。

幻灯片 10

观点分享 在笔者教过的班级，凡是让学生自主选择这四种教学方法或模式，学生几乎都一致倾向于现代派。

提点：从图片可以看到，在笔者的课堂，让学生上讲台，让学生当课堂的主人，让学生在干中学习。就课文教学而言，这就意味着让学生解读课文已经不是不可能的事情。

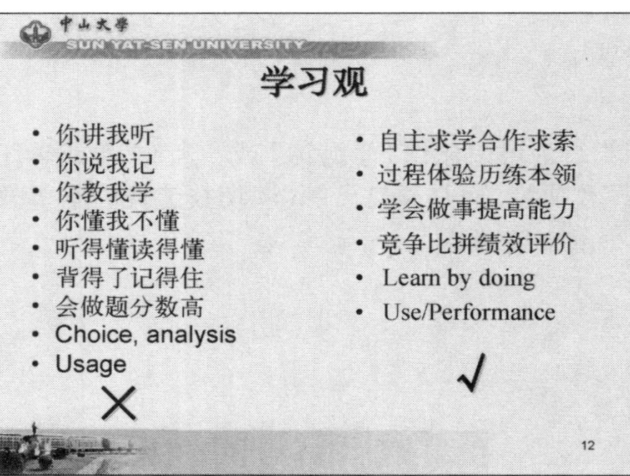

观点分享 ➡

提点：下面，我们侧重讨论“什么是阅读”，因为我们常常把课文当精读来教。

中山大学
SUN YAT-SEN UNIVERSITY

阅读

• **真实性阅读**	• **非真实性阅读**
• 真读	• “伪”读
• 指导性阅读	• 以文为本的阅读
• 以人为本的阅读	• 为考试而读
• 为交际而读	• 肢解化阅读
• 篇章性阅读	• 读“语”
• 读文	

谁在解读？老师还是学生？

Read to learn or learn to read? What is reading?

13

观点分享 ➡

幻灯片 11

（请把你的观点写在这里。）

幻灯片 12

观点分享 本页左边打“×”的是笔者否定的做法，右边打“√”的是肯定的做法。其中反映的不仅仅是“学习观”，也包含“学生观”和“教师观”。这在本书其他章节已经详细阐述过。

幻灯片 13

观点分享 笔者发现，事实上，许多课文教学等同于阅读教学。那么，什么是“真实性阅读”呢？

真读一定是读者自己在读，为交际而读。篇章性阅读，读的是文章，而不是语言本身。换句话说，读者读的是作者以及作者的思想、观点、经历、故事，读者读的是内容。笔者曾遇到过几个“神童”，识字不多，但阅读量很大，有的能把《三国演义》和《三国志》区别开来。这说明他们读的是内容、是历史。

“非真实性阅读”是一种“伪”读。以文为本而不是以人为本的阅读，是肢解化阅读，读的是语式而已。许多教师在教课文时已经忘记学生是读者，只记住他们是语言学生，所以，对课文的语言现象解释得非常详细，生怕讲不透、解不清，特别是把课文中的生词难句提出来专门解释、举例、操练。这样长此以往，学生自己就不会解读了，或者不会篇章阅读了，或者读的时候与作者没有了思想交流。

中山大学
SUN YAT-SEN UNIVERSITY

阅读与课文教学

- Reading is to understand every word of the text.
- Reading is to extract information from the text.
- Reading is to learn new words and new structures.
- Reading is to construct meaning based on the given text and based on one's own knowledge and experience.

14

提点：这里提出的论点都是错误的，请读者思考原因。

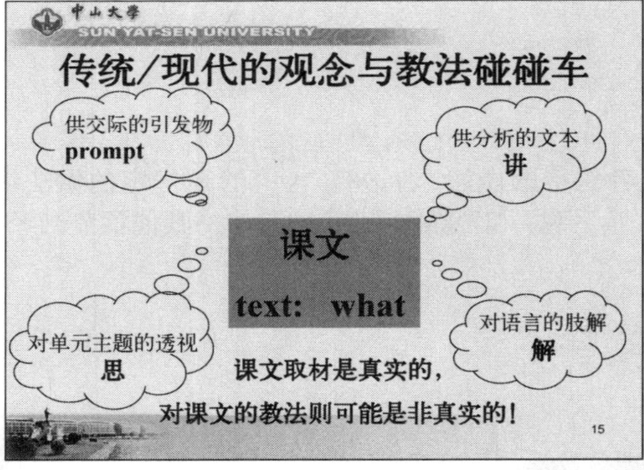

提点：本页左边是提倡的，右边是批判的。

观点分享 ➡

中山大学
SUN YAT-SEN UNIVERSITY

从传统向现代的教法转换关键之关键

- Mentality思维方式
- Conception, belief 观念、理念、信念
- Methodology, approach, method 教学方法
- Technique, micro-skill 教学技能
- Activity, task 教学活动/真实任务
- Authenticity, real-world like 真实性阅读交际
- Human being: thinking being, social being, cultural being 有思想、有文化、有社会性的人

16

提点：从传统向现代的教法转换关键之关键在于思维方式和教育理念乃至教学方法与技能的转变。

观点分享 ➡

幻灯片 14

（请把你的观点写在这里。）

幻灯片 15

观点分享 不少外语教师可能对“课文的功能”没有从学术性的角度思考。外语教育科学非常强调“刺激物”，其中就包括“课文”。把课文当作刺激物是什么概念？就是用课文刺激思考，因为真正的阅读是读者与作者的思想交流过程。当代外语教材的课文取材大多数都是来自真实的读物，但操作不当对课文的教法则可能是非真实的，也就是说，违背了真实的阅读行为！

幻灯片 16

观点分享 笔者作为教师培训师和教师大赛评委，发现不少教师，甚至是优秀教师，在课文教学这个环节仍然没有真正跳出旧框框。首先，是“思维定势”。他们以为课文一定是教师精讲细解的对象，所以，从课文的段落大意，到行文中的生词难句，全都自己包揽下来。其次，是“教师观”和“学生观”以及相应的“教学观”尚未与时俱进。他们以为课文教学必然是教师为主体，教师是行家，学生是“阿斗”。所以在课堂行为上，教师没有把学生当作社会人、当作有思想有人生经验的人。教师的话语量大大多于学生的参与量，学生的自主思考“被缺失”。

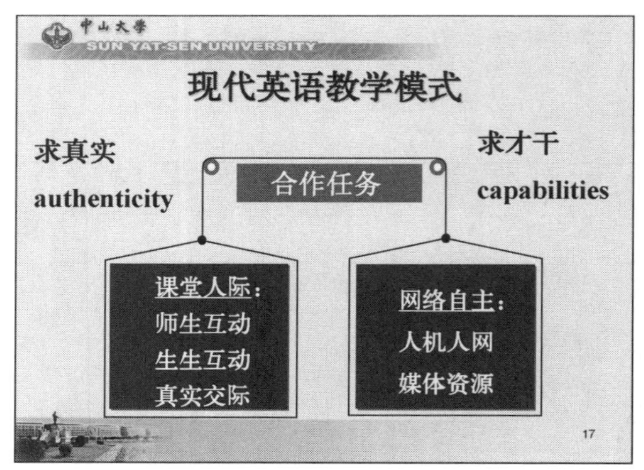

提点：现代英语教学模式可以用两个关键词概括：求真实，求才干，即保持人际交流的真实性和保障交际能力的培养。

观点分享

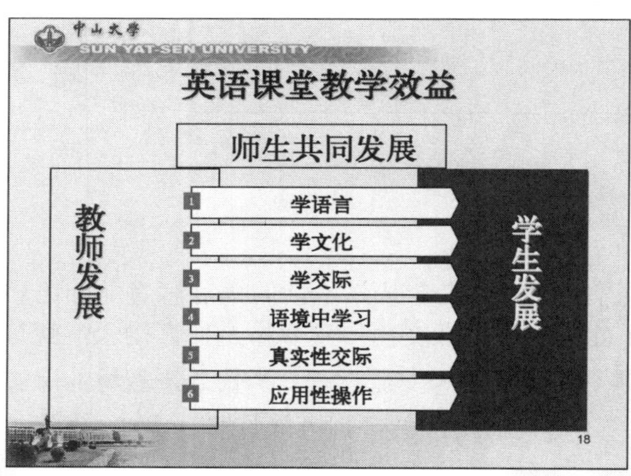

提点：英语课堂效益应该是师生共同成长，共同作为社会人在语境中应用语言，产生真实的交际。

提点：非照本宣科地教学课文的过程是思想碰撞产生火花的过程。

观点分享

幻灯片 17

观点分享 如今外语教学由“人机”与“人际”两套模式交替应用。笔者主张，网络能做的，课堂人际就别做，要做的是人际之间的真实交流。课堂人际包括师生之间、学生个体与集体之间、学生团体与团体之间、学生作为读者和课文作者之间等的思想、情感、行为的交流。

幻灯片 18

（请把你的观点写在这里。）

幻灯片 19

观点分享 一个班几十个学生作为真实的读者，在阅读过程中必定有不同的解读，要把每个读者、学生、人的经验、知识、思考、技能都充分调用出来，以课文为平台展开思想的盛宴，这才是我们所追求的效益。想想我们的语文课，上得好的也是全体学生和教师思想情感充分交流的结果。

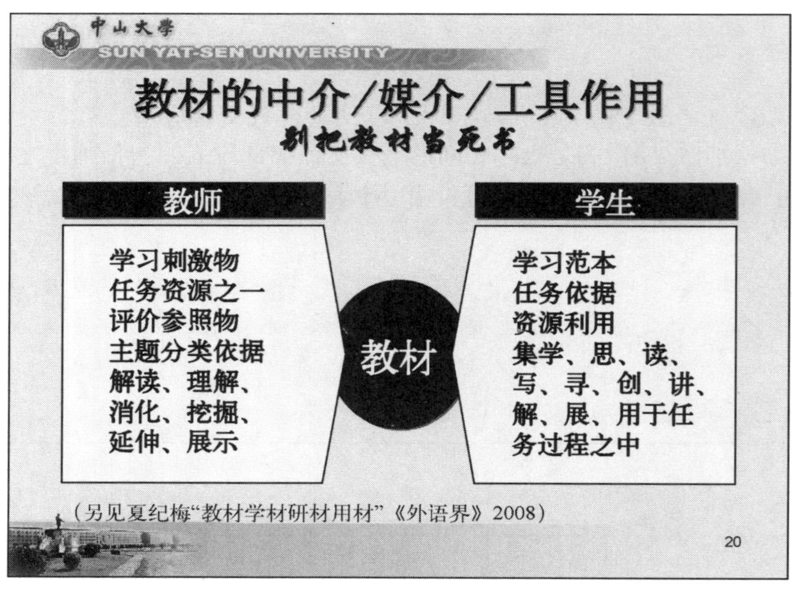

观点分享

提点： 教材起的作用是中介/媒介/工具，教材是死的，人是活的。别把教材里的课文当作一成不变的分析文本。

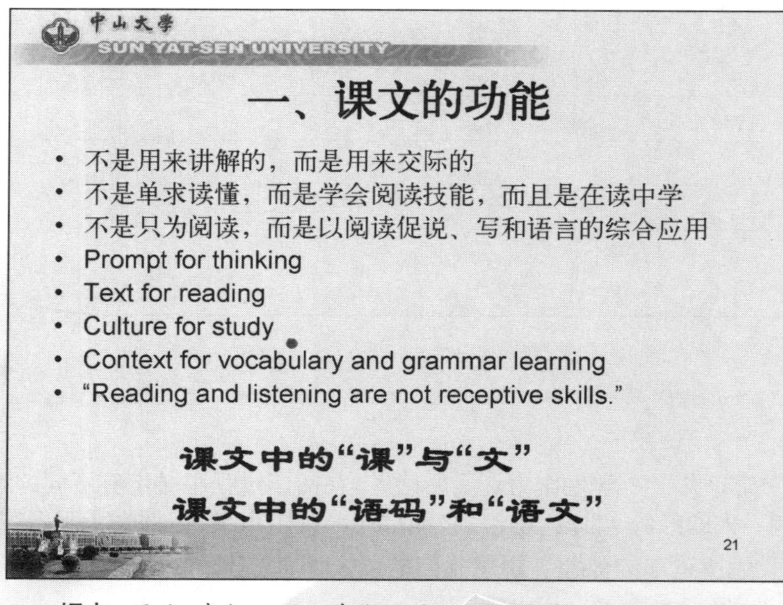

观点分享

提点： 至此，我们可以认真全面地给课文功能下定义了。

幻灯片 20

观点分享 教材里的课文是学习的刺激物，可以通过设计热身或导入性问题，利用学生常识或关注的思考题，引发兴趣和学习欲望的活动，刺激学生的各种感官。教材也是任务资源之一。由于课文主题提供了分类依据，可以布置学生分头认领不同的单元或课文主题，组队合作解读课文、搜寻论点证据、延伸课文思考、陈述己见等。教材还是评价参照物，因为课文往往是经典作品，作者的观点都是比较有可读性和启示性的，再加上学生自己和老师的理解、消化、挖掘、延伸、展示，这样课文的作用才发挥得淋漓尽致。

幻灯片 21

观点分享 经过以上的讨论，我们可以说，课文"不是用来讲解的，而是用来交际的"，这并不是不要讲解，而是怎样讲、怎样解、为什么讲解以及谁来讲解的问题。老师的"灌输式"、"分析式"讲解不如学生之间和师生之间的"讨论式"、"参与式"、"入境式"交流，大家讲是为了获得心灵的智慧碰撞、思想的火花绽放、情感的流露分享，是课文教学的语言表层和内心深层次的交际过程。

从交际的目的看课文教学，我们就不难理解课文教学"不是单求读懂，而是学会阅读技能，而且是在读中学"。课文教学也"不是只为阅读，而是以阅读促说、写和语言的综合应用"。

因此，课文是prompt，激发学生的思维进入活跃状态。课文是text，供人去解读、欣赏、思辨。课文是culture，供人透过语言学习文化。课文是context，让人在语境中学词汇语法。

既然如此，课文教学就不仅仅是读和听的技能训练。课文教学中的"课"指的是培育人的灵魂，"文"指的是文章的灵魂，处理得当才会有两者成"立体交叉"的效应。问题是，我们的课文教学过多注重课文中的"语码"而忽略了"语文"，即没有深入文本进行多元解读和多人解读，而是由于教师的话语霸权导致学生在听教师解读或听教师做语言现象分析。

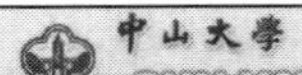

二、课文的真实性与教学的真实性

- **阅读材料的真实性：**
  不是人为改写的，而是真实社会流通的读物
- **阅读行为的真实性：**
  读者与作者的思想交流，读者与读者的解读交流，不同的阅读目的与方法（例：2008年国家公务员考试试题中的阅读任务与考核目的）
- **热身的必要性与真实性：**阅读前的准备（另见"热身活动"设计讲座）
- **语篇、语境、语用的真实性：**不是孤立的句子或词汇，而是上下文中的意义传递，有具体语境情景的应用
- **关键词/教学原则：**involving, contexts, authenticity

22

观点分享 ➡

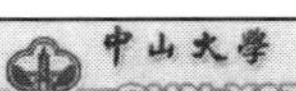

课文教学法

- Warming-up
- Leading-in
- Interpretation
- Discussion
- Conclusion
- Extension
- Integrated skills development

Teacher's roles:

- Hints (activating)
- Assignment (self-relying)
- Direction (facilitating)
- Observation (note taking)
- Join in, share (partnership)
- Evaluation (response)

23

观点分享 ➡

幻灯片 22

观点分享 关于课文教学，还有“真实性”不能忽略，包括课文的真实性与教学的真实性。自从我国实施外语教学改革以来，课文阅读材料的真实性已经没有太大问题，课文选文已经不是人为撰写或改写的，而是取自真实社会流通的读物。但是，阅读行为的真实性却比较缺失。如上所述，读者与作者的思想交流，读者与读者的解读交流，在课文教学过程中常常做不到位。

其实，对不同的阅读材料应该有不同的阅读目的与方法。例如：2008年国家公务员考试的试题中的阅读任务是为考核考生解决社会难题的智慧与能力的目的而设立，其阅读材料就是一系列社会问题的报道。对这样的课文阅读，绝对不仅仅是语言水平问题或阅读理解问题，而是思维、思辨、思考、智慧、素质的全面考察。

课文教学的真实性首先看有没有真实的热身活动，即阅读前的准备。这个问题，本书已经有“热身活动设计”章节阐述。

课文教学的真实性主要表现在语篇、语境、语用的真实性，即不是关注孤立的句型或词汇，而是提醒上下文中的意义传递、句型和词汇短语要有具体语境情景的应用。这个环节，本书有专门章节“词汇教学设计”作进一步阐述。

总之，课文教学的真实性原则可以用三个关键词表述：involving，贴近学生的现实生活、调动学生的思想、情感、关注、常识等；contexts，在语篇和语境中学；authenticity，课文和课文教学活动都与真实人、真实生活、真实交际紧密相连。

幻灯片 23

观点分享 归纳起来，课文教学全过程应该包括热身、导入、理解、讨论、结论、延伸、综合技能应用。教师的作用是：给启示，目的在于启发学生行动；布置任务，让学生真正自主学习；给与指导，协助学生完成指定任务。学生在解读时，其他学生作观察记录，然后集体参与分享对课文的思考性阅读结果，教师最后给出导向性点评反馈。

课文教学法（续）

Students' work:

- Searching for background information/knowledge from different sources and resources
- Processing the text by questioning/arguments/focus on/summing up the text contents
- Making power point, presentation, demonstration, interaction
- Learning new words
- Sharing points of view/ideas/perspectives (text writer's, team's, classmates', teacher's)

24

观点分享 ➡

三、基于课文的提问

- **提问的目的与功能**
- **提问的策略与技巧**
- **提问的主体和客体**
- **问与答的有效配合**

模式：提出问题→分析问题→解决问题

功能：激发思考，引发讨论，启迪智慧，进入角色，产生交际，重在过程

思维：分析、推理、归纳、综合等思考能力

语言：表述、研讨、争辩、提问、应答等语言运用能力

25

观点分享 ➡

提点：避免让学生成为课堂配角的一个重要检验是提问环节。究竟应该由谁来提问为主？

幻灯片 24

观点分享 课文教学过程比结果更重要。过程由学生为行为主体。他们要自己搜寻与课文相关的背景材料，而且资源来源越广泛越好。学生自己对课文进行信息与观点处理，例如：提出疑问，找出重点或焦点，总结归纳要点或结论，必要时开展争论或辩论。学生就自己对课文的理解进行陈述，应用多媒体课件展示，与同学交流包括课文作者的观点、自己和队友的观点与看法、全班同学的观点或视角、老师的观点或理解，一起学习生词。只有这些环节都由学生当主角，而不是以往课堂里常见的学生为配角，这样的课文教学才有实效可言。

幻灯片 25

观点分享 围绕课文进行提问已经成为教师的习惯。即使让学生提问，也常常是老师讲完后走过场的行为，做做样子而已。一方面几乎没有学生会提问，另一方面教师已经讲得很满很满，几乎没有时间、没有余地、没有空间给学生提问。这里出现了教育理念、原则、方法、目标和效益等一连串的问题需要反思。

首先从提问本身来看，提问的前提是思考，提问的条件是语言组织和表达能力，提问的功能意义是为了引发别人思考以及寻求解决问题或找到答案。提问有主体和客体之分。既然如此，谁来提问，学生还是老师？学生该不该提问？能不能提问？为什么不能？怎样才能保证学生提问而且提出有质量的问题？这些都涉及到以上提到的教育问题。

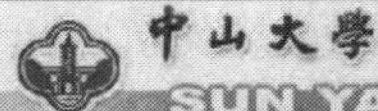

SUN YAT-SEN UNIVERSITY

提问的分类及其作用

- 谁来提问？老师还是学生？为什么？
- 提什么问题？想达到什么目的？
- 怎样提问？如何诱答/助答？
- Open-ended or close-ended?
- Passage answer or one-word answer?
- Checking the facts or thought-provoking?
- One to one or one to class or pair-up?
- Volunteer or organized?
- Back-up, further down, linked, mutual-help
- Competition, grouped voices, game, guessing, exploring

26

提点：如果是老师提问，应该提出哪一类问题？如果是学生提问，应该鼓励提什么问题？

观点分享 →

幻灯片 26

观点分享 当老师提问时，open-ended question属于“开放性问题”，既没有固定或唯一的答案，也不能用简单的是与非回答；而 close-ended question就是只要说yes或 no就算回答了问题。要想得到passage answer，需要提出的问题比较复杂，一句话不能说清楚；而one-word answer只用一个词回答就可以，往往是问题本身只需要简单数字或字眼作答即可。例如：Where was the story teller born? England. 所以，提问要分checking the facts还是 thought-provoking? 前者属于低层次的检查理解类问题，后者属于深层次的促进理解与激发思考类问题，这样的问题才具有足够的驱动力，有一定的难度，足以让学生进行深度思索，调用已有的知识或常识。当学生回答高明或对路时，就成为学习的显性成果，让学生感觉到自己以前的学习发生效益了，感到通过自己的努力解决问题的喜悦。

如果让学生提问，组织安排很重要，否则会出现没人提问的局面。首先要让学生明白提问是人与人之间进行的交际活动，也是人才成长的必要过程。提出问题是生成问题、应用已知探索未知或者将自己的思考提出来诱发别人的观点和看法的过程。在形式上，教师要留有余地、创造机会，让学生一对一地进行，进而一对全体地进行，或者通过结伴或小组问答，自愿与组织安排。教师的学习伙伴角色应该表现在协助学生提问，例如，如何追问、串联问、变换问法、补问等，使问题越来越明确、清晰、有深度、有质量。学生提问环节有的是语言表达困难或技巧问题，有的是思考深度问题，总之是交际水平和语言应用水平问题，这是考验教师的作用发挥得如何的环节。为了保证提问环节顺利进行，还可以通过竞赛、游戏、角色扮演，根据不同的立场发出不同的心声，进而探索问题。

中山大學
SUN YAT-SEN UNIVERSITY

提问的功能与目的

在课文的教学过程中，引导学生理解课文的深层内涵，启发他们在语言学习的同时联系自己的思想感情，去思考和讨论现实生活中的各种人生问题。这些过程，是培养学生的思考能力和语言运用能力的过程，是启发式、研讨式、合作式、自主学习式、交流分享式、知识共建式等新型教学法的具体实施，有利于师生双向交流和共同探究人生课题的过程，是在没有现成答案的情况下动脑、动口、动手的过程，是涉及语言与思维、情感、态度、价值观、社会、文化、交际等"元认知"因素的学习过程。把课文"问题化"，将解读与问答融为一体，把阅读研讨化、交际化，即读者与作者的交流，读者与读者的交流。这是人机做不到而课堂人际必须做的真人真事。

（夏纪梅：现代外语课程设计理论与实践，上海外语教育出版社，2003第412页）

27

中山大學
SUN YAT-SEN UNIVERSITY

提问的内容与技巧

- **内容：**课文主题，语言风格，作者态度/观点，读者的反应，段落大意，篇章格局
- **分类：**深层理解类，释疑类，思考类，感受类，辨理类，常识类，关联类，延伸类，差异类
- **方法：**引导式，分析式，推理式，归纳式，卷入式，连环式，挖掘式，评价式
- **时机：**学前问，学中问，学后问，追问，反问

参考夏纪梅主编：
《现代外语课程设计理论与实践》2003，
《大学英语精读（修订本）教案》1998，
《大学目标英语补充教案》2005，
（上海外语教育出版社出版）

28

提点：由于提问是课文教学的重要环节，是教师、教材、学生三者之间的连线，所以对提问的功能、功效、技能、技巧的学习提高是教师基于课堂的职业发展的重要组成部分。

观点分享

中山大學
SUN YAT-SEN UNIVERSITY

Input/output

自己找来的、自己用过了，才成为自己的。

阅读 | 阐述评论
提问 | 内化吸收 | 分享交流
研讨 | 真实应用

让学生自己对课文主题、文本、内容进行处理：processing

29

提点：至此，课文教学创新点就在于赋权放手让学生全程经历对课文的信息、论点、事实的处理，从而达到语言习得输入、内化、输出的完整学习链条运作状态。

中山大學
SUN YAT-SEN UNIVERSITY

英语课文教学的基本原则

- 以学生为中心
- 以能力为目标
- 以交际为途径
- 以任务为驱动
- 以过程为重点
- 以业绩为标准

- Being
- Doing
- Processing
- Learning
- Performing

读、问、解、学、用：学生自己做，老师协助做，师生共同做

30

提点：这样的课文教学才能实现师生课堂共建共生的效益。

幻灯片 27–28

观点分享 具体设计问题的技巧与期望达到的功效如下：设计引发功能的问题（stimulating questions）在于激发思考，使学生发现有问题可想并且值得去想。卷入式问题（involving questions）可以使学生感到与己有关，不自觉地被卷入学习活动或语言应用中去。语境式问题（contextual questions）能使学生身临其境，成为情境中人。归纳式问题（inductive questions）主要是事后归纳，这在本书其他几章都阐释过。连环式问题（connecting questions），一环扣一环，连接出一串相关联的问题来。深层理解类、释疑类、感受类、辨理类、常识类、延伸类、差异类问题具有挑战性，发人深省，挑起批判性思维、比较性思维，提出对人生、命运、前途、价值取向或追求、处世哲学等有启示的问题，也提出有争议、有正反方、有利有弊的问题以及可以集思广益和分享集体智慧的问题。（夏纪梅《现代外语教学理论与实践》，2003 第 143 页）

幻灯片 29

（请把你的观点写在这里。）

幻灯片 30

（请把你的观点写在这里。）

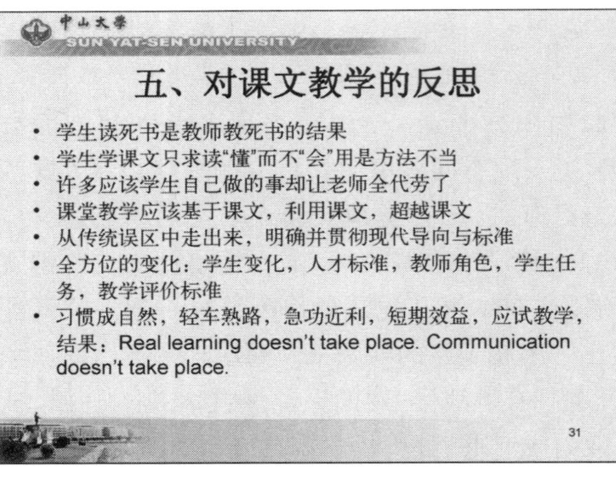

提点：反思长期以来的外语教学效益不好，很大问题是在课文教学的方法与习惯上。

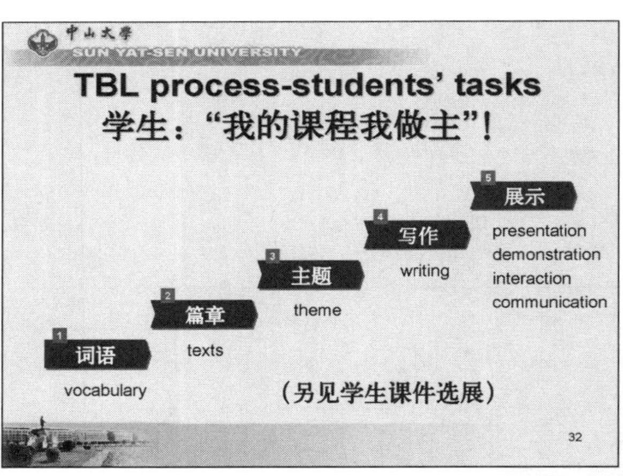

提点：课文教学的改革创新可以通过实施“任务型”教学法实现。

观点分享

幻灯片 31

（请把你的观点写在这里。）

幻灯片 32

观点分享 当学生真正成为学习的主人、课堂的主人、课文的读者（而不是听众），他们会处于一种被唤醒、被激励、被授权的主动学习状态，能够成为强大的教学资源。笔者十年来的任务型教学法实践证明了这一点。“我的课程我作主”就是笔者教的学生在课程结束时反馈的呼声。他们被赋权被分配任务后所释放出来的才华充分表现在对词汇、篇章、主题、演讲、交流、辩论的各个环节。我从中收获了学生的成果，享受着学生的作品，与学生真正成为“学习共同体”。

幻灯片 33

观点分享 显然，真正以学生为主体的课堂成了动态环境，教师台前幕后的工作一点不能少，每一步都必须到位。事实证明，实施任务型团队式研习课文，其效益是全方位的。

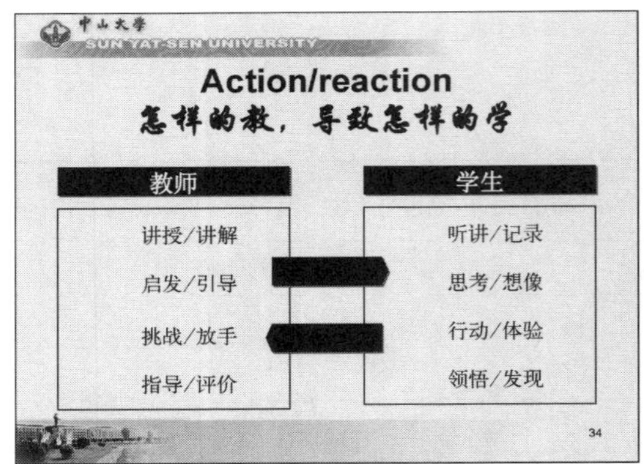

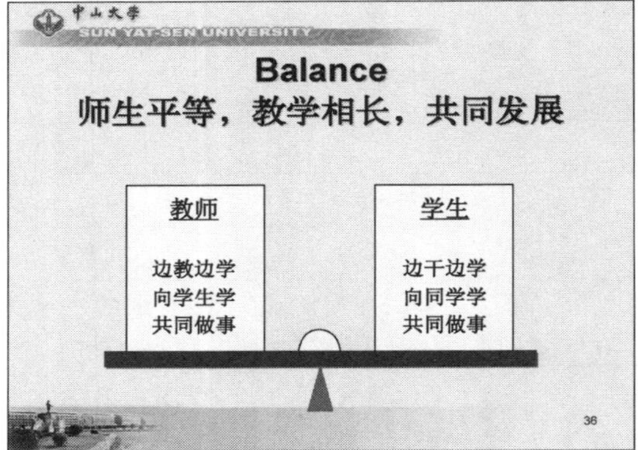

提点：怎样的教导致怎样的学，新型师生关系是平等的、互动的、互助的、共同探索与成长，这是保障课堂教学效果的关键因素。

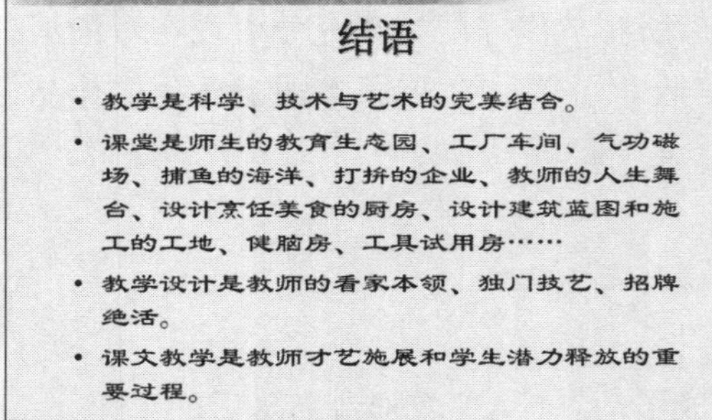

观点分享

幻灯片 34–36

（请把你的观点写在这里。）

幻灯片 37

观点分享 课文教学的质量来自教学信念、理念、观念、方法、技能，一切为了真实性阅读，为了释放学生的学习潜力，为了师生在课文研习过程中成长和发现。课文教学大有师生施展才华的空间，其关键在于教学的创新设计。

第六章 词汇教学的创新

模拟提问：

词汇教学是外语教学中与课文教学同步的主要课堂活动，教师比较习惯的教学套路有两种，一种是课前利用生词表解释词义、举例示范、带读生词；另一种是讲解课文时抽取生词解释词义、举例示范。除了这两种，还有什么可创新的吗？设计词汇教学创新活动有什么理念支撑？

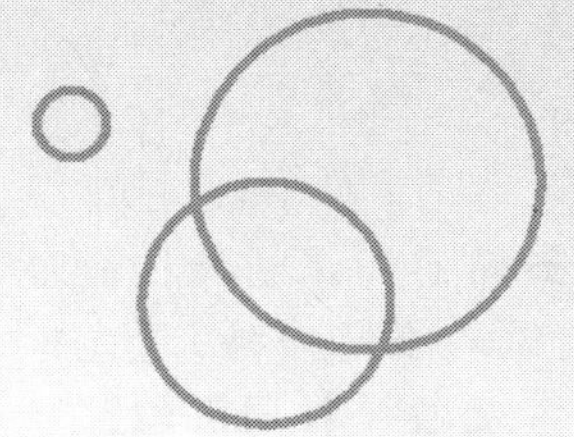

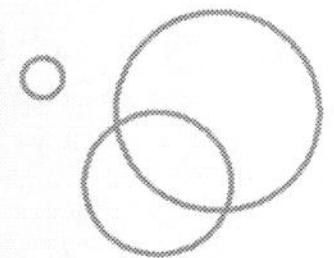

提点：这是为教师培训设计的“基于课堂的教学微技能”工作坊系列其中一个专题。

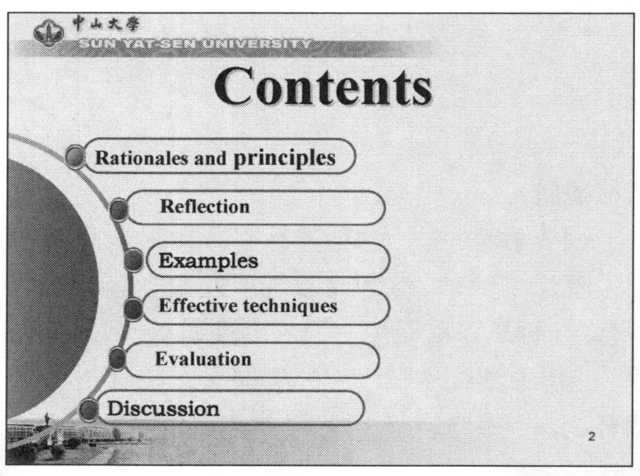

提点：主要内容有词汇教学的理念原则、反思词汇教学的状况、推介有效词汇教学的多种活动、评价与研讨词汇教学的相关问题。

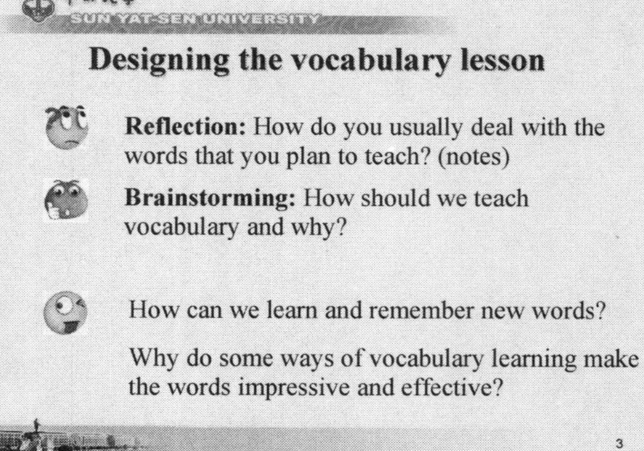

提点：如同前面课堂微技能培训开始要受训者做的事情一样，请先回想一下，自己通常是怎样教词汇的？应该怎样教词汇才有效？为什么有效？怎样学才有利于记忆？为什么有的词汇记忆比较牢固？

观点分享

幻灯片 1

（请把你的观点写在这里。）

幻灯片 2

（请把你的观点写在这里。）

幻灯片 3

观点分享 这几个问题，既有教师身份的，也有学生身份的，还有研究者身份的，是教师需要反思的重要问题。

中山大学
SUN YAT-SEN UNIVERSITY

Reflective tasks

Task 1: Write down 5 words that you have recently learnt and remembered, e.g. the new terms in the ELT training courses. (notes)

Task 2: Write down the reasons why you learnt and remembered those particular words instead of others, what made the experience memorable and effective?

4

提点：这里给出两个非常具体的反思任务：举出3–5个最近学到的记忆特别深刻的生词，写出有利于记忆的原因。

观点分享

中山大学
SUN YAT-SEN UNIVERSITY

词汇学习

- 有效的词汇学习原则：
- Authentic, contextual, involving, meaningful, for use
- 学生的自主学习方法交流：
- Autonomous, visual aided, learning in use
- 多种学习活动形式的设计
- 参考*English Vocabulary in Use* CUP 1995 外研社 2001年引进

5

提点：先初步归纳一下：哪些是有效的词汇学习？

观点分享

中山大学
SUN YAT-SEN UNIVERSITY

无效的词汇学习

What's wrong with this type of list?
What's wrong with this way of learning?

死记硬背生词表：
no context, no "use", no real meaning

Glossary
词汇表

6

提点：最无效的生词学习是依靠生词表。

观点分享

幻灯片 4

观点分享 如果是参加了课堂教学微技能培训的教师，或者读者根据本书前几章的内容，记住了几个外语教育理念原则和方法论的专用词，例如，authenticity, contextualization, involvement，这是因为现代外语教育在听说读写、热身、课文、任务等教学过程中反复强调和出现这些原则，从而了解了其实质内容，加深了印象。

幻灯片 5

观点分享 有效的词汇学习一定要有真实的语言交流环境，有交际人的思想、情感、关注的投入，有真实的交际意义。

幻灯片 6

观点分享 生词表似乎是我国解放后外语教学的一个产物，其弊端在于有了它，学生不必自己查阅词典，不会依据课文上下文或特定语境进行解码，只需孤立地记住词义和拼写。长此以往，学生学的生词再多，也只是停留在表层记忆、短暂记忆，而无用法记忆。许多为考TOEFL而背记单词表达到6 000个以上词汇量的人，考完就记不得了。对单词的掌握，一般分为识读/识别类单词和应用/复用类单词。前者指达到认识的水平但不一定会应用，后者指不但认识而且能够应用的水平。

中山大學 SUN YAT-SEN UNIVERSITY

Task 3: Varieties

Examples	Techniques
Show the briefcase	
Sit in the cafe	
Mime the verb	
Topic area	
Recite	

Word teaching & learning

Beliefs, cognition, strategies, effects

7

提点：词汇教学不能只依赖生词表，还有许多生动形象的词汇教学形式可以采用。这里举了一些例子，请读者试试填写右边相应的栏目。开展这些活动是想通过什么教学策略达到教学目的？

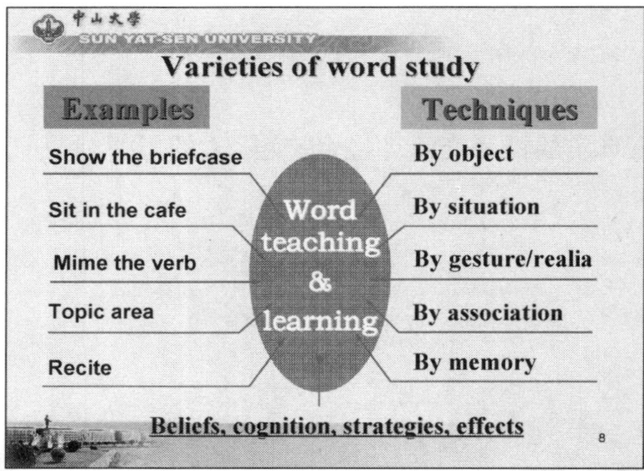

观点分享 ➡

中山大學 SUN YAT-SEN UNIVERSITY

Rationales underneath

- **By object/realia:** visual
- **By situation/functional:** contextual
- **By association/notional:** cognitive/mind map
- **By description:** interpretation, common sense, experience
- **By guessing:** information gap

9

提点：以上列举的词汇教学法都是外语教育科学理念支撑的产物。

观点分享 ➡

幻灯片 7

（请把你的观点写在这里。）

幻灯片 8

观点分享 第一种活动是通过真实物件进行词汇教学，例如，出示“公文包”，学习 briefcase。第二种活动是通过真实情景进行词汇教学，例如，在饮品店坐下，点一杯果汁，学习 juice。第三种活动是通过真实表情或动作表达词义，例如，学习动词 shave、brush。第四种活动是通过真实的联想。第五种活动是最常用的背诵记忆。这些活动分别有什么理念支撑？有什么认知科学依据？有什么效果？

幻灯片 9

观点分享 通过真实物件可以提供视觉效应；通过真实情景可以创设语境；通过真实联想可以在大脑中建立图像；通过表情或动作描述可以加强理解和调用常识；通过猜测可以形成“信息沟”。

中山大學
SUN YAT-SEN UNIVERSITY

Task 4: Teacher-learning involvement

Effective presentation techniques

1 Using real things
2
3
4
5
6
7
8
9
10

Relate your vocabulary learning experiences to presenting new words in the classroom. Make a list of ten elements that make the new words really stick.

10

提点：受训教师或读者回想自己学习生词有哪些有效的方法。

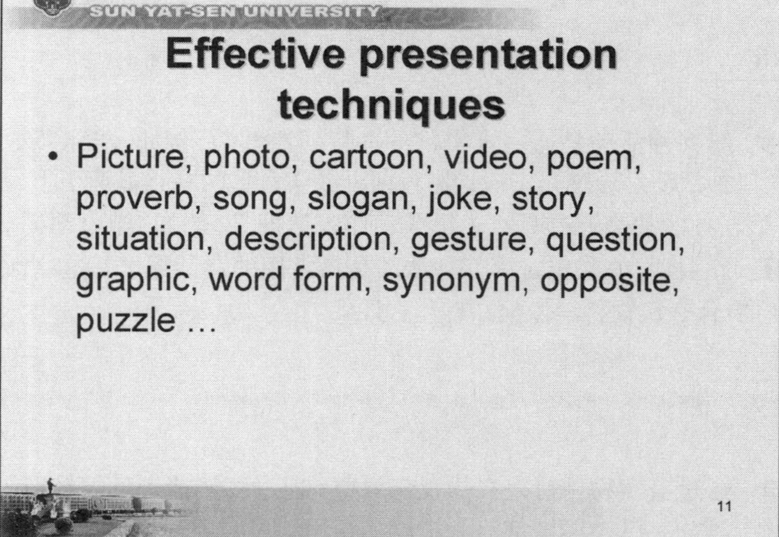

提点：词汇教学有多种辅助手段。

幻灯片 10

（请把你的观点写在这里。）

幻灯片 11

观点分享 词汇教学的辅助手段可以通过图片、照片、漫画、录像片、诗歌、谚语、歌曲、口号、笑话、故事、情景、语言描述、表情演示、提问、线形图示、构词法、同义词、反义词、谜语等途径来实现。

现代多元符号识读和多媒介、多图像的社会环境更加为语言学习提供了多种多样的途径和方法，关键是我们在教育中如何灵活科学地利用。

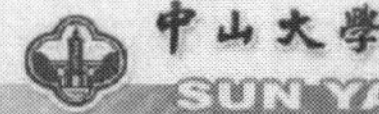

Task 5: Evaluation

Evaluate different techniques for presenting new words

1. realia and visuals:
2. word-building:
3. matching:
4. guessing:
5. demonstrating:
6. finding the similar:
7. finding the popular:
8. examples:
9. pictograms:
10. translating:
11. dictionary
12. situation/story:

12

提点：请把所给的词汇教学法具体化举例，再评论其效益。

观点分享 →

幻灯片 12

观点分享 1）realia and visuals: 例如，有一课主题是烹饪，老师带进教室的实物可以是bowl、fork、spoon、knife、pan等。

2）word-building: 例如，前缀un-、in-、im-、ir-等。

3）matching: 例如，将同义词与反义词、词与意、词与图片分成两栏，让学生寻找匹配；又如，将动词与常见搭配名词分开，让学生配对，像clap hands、shake head、take a bath、tell the truth，诸如此类。

4）guessing: 例如，让学生结合上下文猜测篇章里出现的生词。

5）demonstrating: 例如，通过行为、举止演示词义。

6）finding the similar: 例如，提供一些学过的词，让学生到课文里找意义相近的词。

7）finding the popular: 例如，提供一些电视、电影、歌曲、球赛、娱乐节目中出现率最高的词。

8）examples: 例如，学fruit一词，提供学生熟悉的水果名称。

9）pictograms: 例如，用简笔画，让学生猜测出表达图意的形容词以及它的反义词，如：happy（face）、unhappy（face）、small、big等。

10）translating: 要学生将生词翻译成母语。这里要提醒的是，老师不要代劳，不要帮学生翻译，而是要求学生在真正理解词义和上下文意思之后，给出地道、贴切的母语对应词，要符合中国人的表达习惯。例如，clown不能译成“克隆”，而应译为“生物复制”；laser不能译成“镭射”，而应译为“激光”；cartoon不能译成“卡通”，而应译为“动画”。

11）dictionary: 让学生学会使用中型的、权威的、全英的、当代新版的词典，因为一个词的定义在大词典里可能需要从几十个词条中筛选出来。这是一种learn by doing的学习方法。

12）situation/story: 学一个富有想像和含义深刻的词（a conceptual word, e.g. cruelty），让学生听一个相关的故事或情景片断后得出这个词的含义。

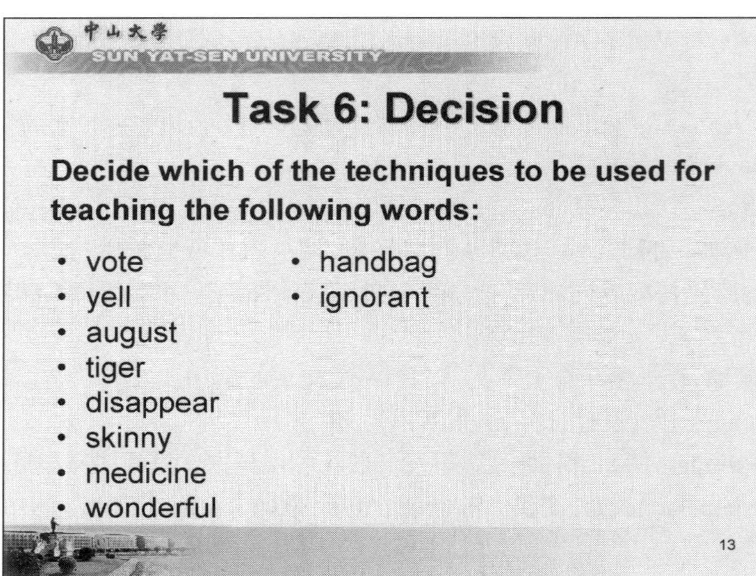

观点分享 →

提点：请读者自己尝试应用上页提供的方法教这些生词。

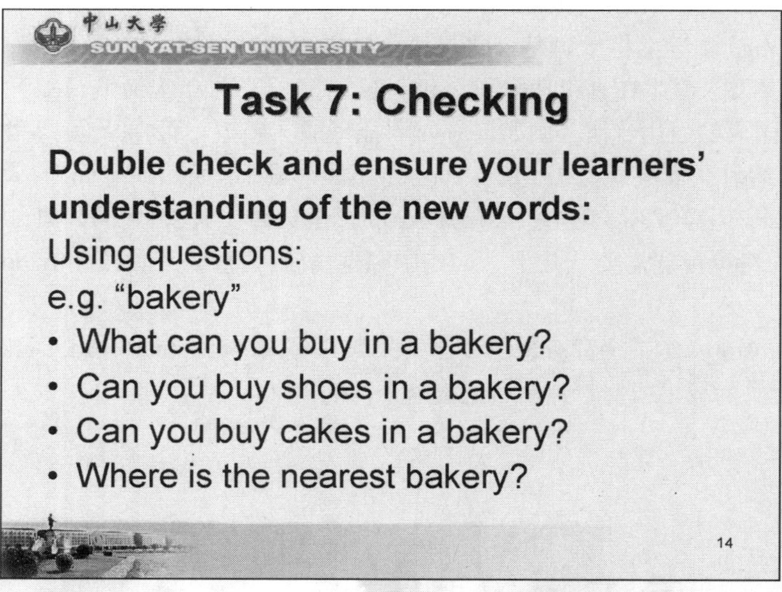

提点：这种做法的好处在于反复出现这个词，但却不是枯燥孤立地重复，而是具有实际意义。

幻灯片 13

观点分享 例如：教 vote，可以采用上页第 12 种方法；handbag 可以用实物；yell 和 ignorant 可以用肢体语言；august 可以用日历；tiger 可以用图片；disappear 可以用情景；skinny 可以用反义词；medicine 可以用药物展示，也可以用对称配对法，举出更多的药品类型，如 pill, capsule, syrup 之类；wonderful 可以用简笔画，也可以用表情，还可以用故事。

幻灯片 14

（请把你的观点写在这里。）

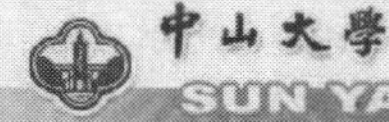

Task 8: Designing

- **Write down 4 concept-checking questions for the following words:**
  team, picnic, UFO, glasses, fashionable, kangaroo, imagination
- **Share your questions in the group and comment on their effectiveness.**

15

提点：请读者尝试用同类方法处理这些词汇。

观点分享 →

幻灯片 15

观点分享 **team**

Have you got an experience of working in a team?

Did you work well in the team?

Can you finish this task without teamwork?

What does it mean by teamwork?

picnic

Do you like picnic?

What do you usually do at picnic?

When do you usually have picnic?

Where do you usually have picnic?

UFO

What do the letters of UFO stand for?

Do you believe there is UFO?

Have you ever seen UFO?

Have you heard of UFO?

What is UFO like?

kangaroo

Where is Kangaroo's hometown?

Can you see Kangaroo in the zoo?

What does a kangaroo look like?

Why is Kangaroo so cute?

imagination

Do you believe that science relies on imagination?

Which is more important, knowledge or imagination?

Do you think you have good imagination?

How can we put imagination into study?

参与设计的读者或受训者可以有不同的问法，对其他几个词的“概念性检查”继续作出自己的问题设计，然后交流分享并谈论各自问题设计的成效。

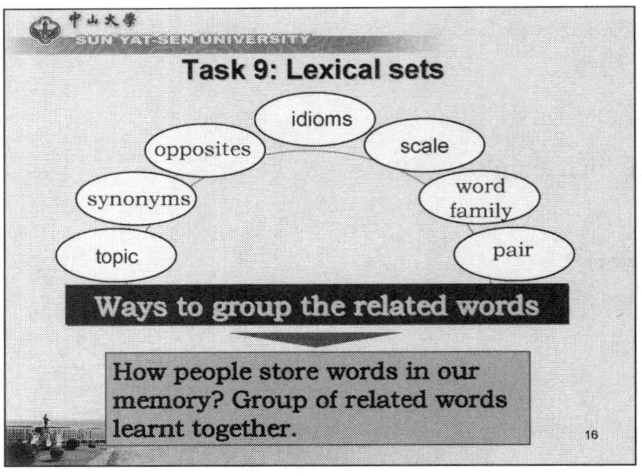

提点： 科学研究证明，人们在记忆中积累、储备词汇不会像词典那样按照字母顺序，而是通过“词块”形式进行的。“词块”是各种相关词汇的集合。

观点分享

中山大學
SUN YAT-SEN UNIVERSITY

Task 10: Graphic demonstrating

- **Ways that can help demonstrate the related words:**
- Sun ray:
- Tree:
- Fork:
- Hierarchy:

17

提点： 想一想什么图示方法可以把词汇梳理成“词块”展示，就像在脑中画图一样。

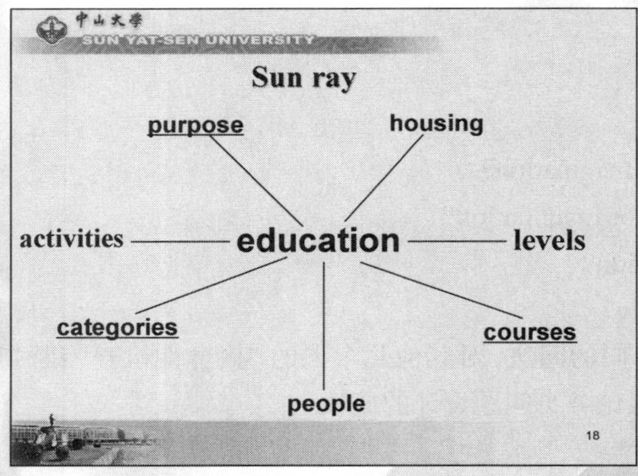

提点： 这是上页提供的哪一种图示？

观点分享

幻灯片 16

观点分享 把刚学的和已学过的词汇有机地、符合意义有逻辑地组合起来，更有利于调用记忆和加强记忆，把相互关联的词巧妙合理地合在一起记忆。例如，

按照主题领域归类，例如，家庭成员关系、教育相关组成部分和因素等。

按照同义词，例如：fast, quick, speedy, rapid。

按照反义词配对，例如：hot/cold, old/new, hard/soft。

按照习语搭配规律，例如：eat up, drink up, be tired up。

按照构词法规律，例如：paint/painter/painting, know/knowledge/known/ knowledgeable。

按照事物发展程度，例如：boiling, hot, warm, cool, cold, freezing。

配对，可以是同义词，也可以是习语。例如：slid/slide, rough/harsh, booklet/brochure; black and white, black and blue。

幻灯片 17

（请把你的“脑图”画在这里。）

幻灯片 18

观点分享 “阳光四射”图中，“太阳中心词”是“教育”，“阳光光线”指向与教育相关的各个组合或关联部分，它们各自又可以分裂出更多的关联词。

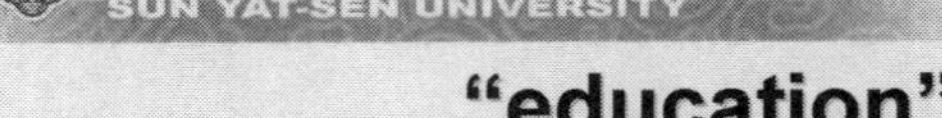

"education"

- **Purposes:** learning, knowledge, skills, qualification, diploma, degrees, development, value, etc.
- **Housing:** building, classroom, desk, chair, blackboard, facilitation, equipment, etc.
- **People:** students, teachers, administrators, monitor, tutors, etc.
- **Activities:** classes, lessons, courses, exercises, tests, exams, homework, extracurricular, etc.
- **Subjects:** language, math, physical education, science, arts, etc.
- **Categories and levels:** primary, secondary, tertiary, state-run, private, special, etc.

19

观点分享 →

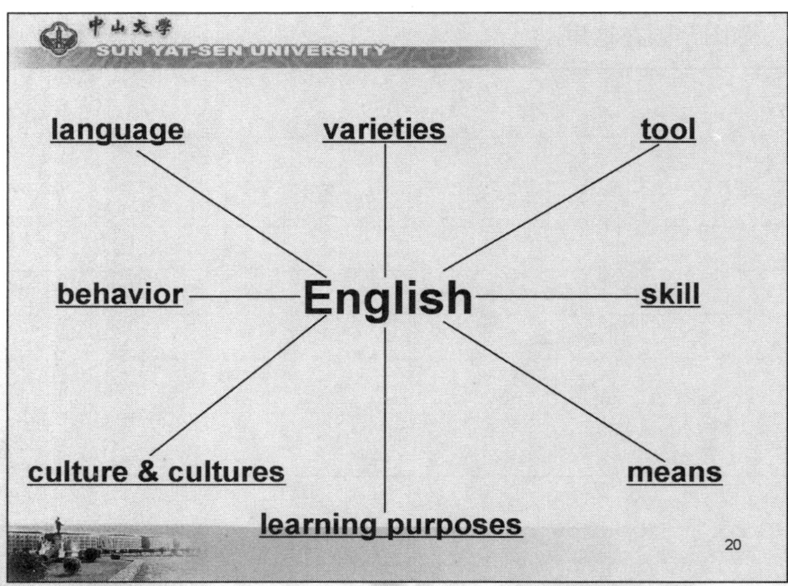

提点：这也是“阳光四射”图，“太阳中心词”是“英语”，“阳光光线”有与英语相关的各个意义关联部分。请想一想它们各自又分别涉及或关联哪些词汇。

幻灯片 19

观点分享 以“教育”为中心词，采用“阳光四射”脑图链接与“教育”相关联的词汇，例如：教育目的、学校设施、学校人士、学校活动、科目课程、教育层次这几个“教育”主题中的分题，再分别加入具体相关词汇。

幻灯片 20

（请把你的观点写在这里。）

中山大學
SUN YAT-SEN UNIVERSITY

"English"

- **Language:** first, second, foreign, official, international, popular, widely-used, standard, written, spoken/oral, formal, informal, slang, euphemism, taboo, jargon, system, rules, etc.
- **Tool:** communication, bridge gaps, convey thoughts, express feelings, competition, performance, abilities, functions, etc.
- **Skills:** listening, speaking, reading, writing, translating, using, applying, exercising, practising, serving, learning, etc.
- **Culture:** literature, history, customs, manners, cross-cultural, comparative cultures, etc.

21

观点分享

提点：英语作为语言、技能、工具、媒介/载体、行为、文化及其他英语变种和学习目的分类。请读者分别充实它们的具体所指。

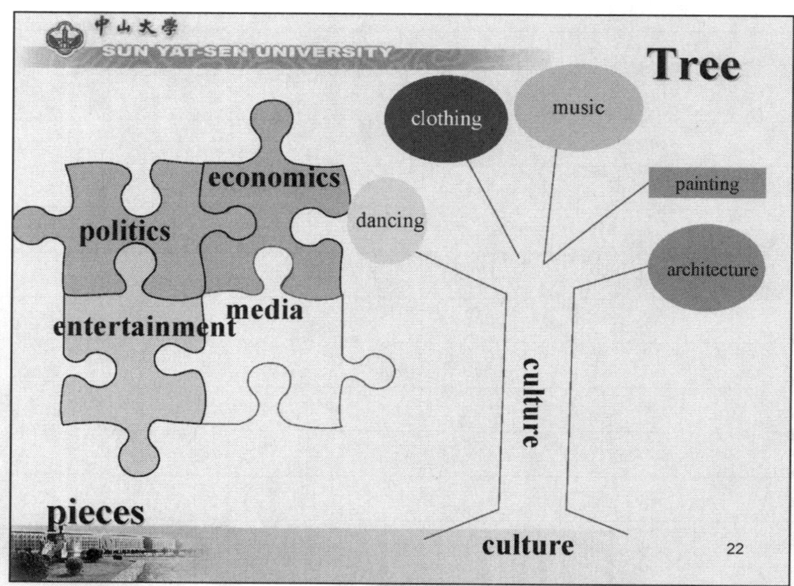

提点：此页右边是个树形图，根部和主干是"文化"，枝干是文化的各个组成部分。左边是拼板图，也是围绕文化的关联词组合。

幻灯片 21

观点分享 英语作为一种语言，首先是“母语”，即从小到大伴随成长的第一语言；可以是“二语”，即有了第一语言，长大后到英语国家留学或移民时所用的英语。它与“外语”的区别是，把英语作为第二语言的人身在英语国家，处处要用英语生存。把英语作为“外语”来学习和应用的难度最大，因为是在非英语国家进行，完全没有该语言环境。在中国学英语就属于这类。至于“官方语”，指的是前英殖民地所有官方文件和公共场所的用语，特别是教育、法律、政府部门领域必须用英语。英语还可以分为“标准化语言”，指英国皇室、牛津、英国广播公司、上流社会、受过优良教育的、标准发音的英国英语。其他的只能归属为“英语变种”，例如，苏格兰式、美式、澳式、印巴式、日式等带有地域口音甚至语法用词有所差异的英语。英语作为语言还可分为“书面语”和“口语”，现代商界英语比较倾向口语化，因为商业行为短平快，节奏和效率决定语言形式。“正式用语”和“非正式用语”，就像穿衣服讲究场合一样。“俚语、委婉语、禁忌语、行话”是任何一种语言都具有的，英语也不例外。英语既然是语言，当然就有其语言系统和语法规则。这些都是学英语的人需要学习的。

英语作为工具，是传递思想、表达情感、沟通交流的工具，也是社会竞争、个人能力的一部分。

英语作为技能，有听说读写的技能、翻译和应用的技能，还有服务和学习的技能。

英语是文化，包含文学、历史、民俗、礼仪、跨文化和比较文化。

幻灯片 22

（请把与“文化”相关联的词写在这里。）

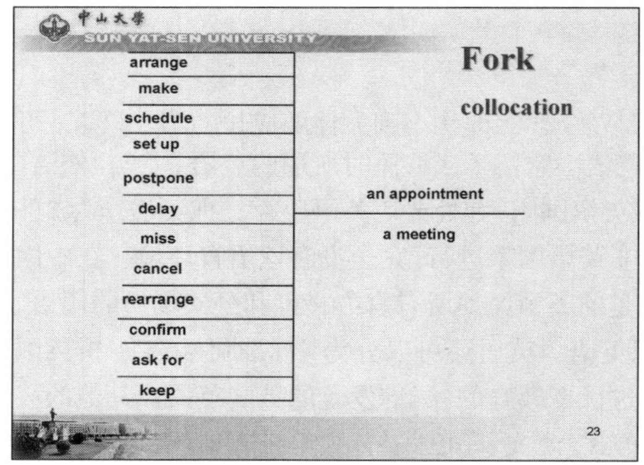

提点：这是叉形图，左边的若干个动词或动词短语与右边的名词短语结合构成词语搭配。

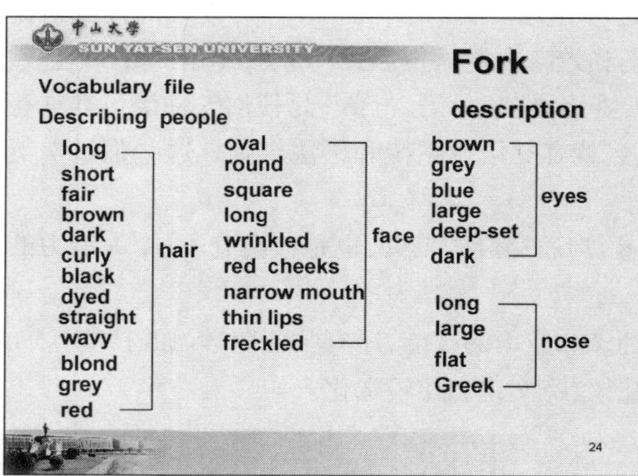

提点：这也是叉形图，把左边的若干个形容词与右边的词结合可以用作对人的模样进行描述。

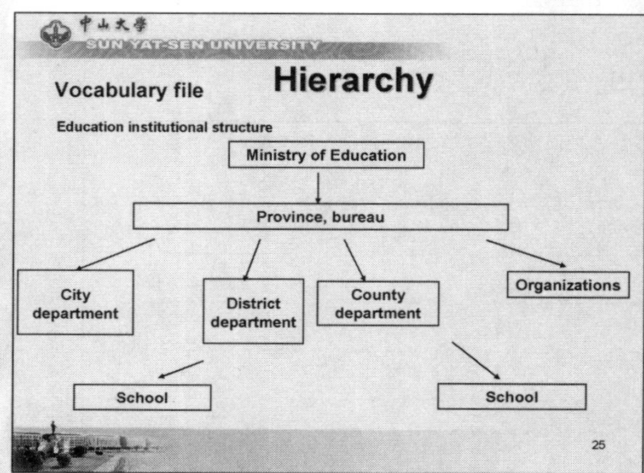

提点：这是等级层次图，图中演示的是教育机构的分布。

幻灯片 23

（请写出更多的搭配。）

幻灯片 24

（请写出更多的搭配。）

幻灯片 25

（请模仿制作类似的等级延伸图。）

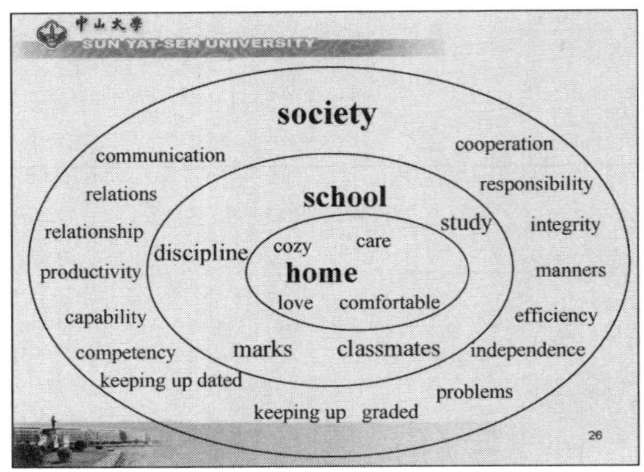

提点：这也是一种等级层次图或延伸图，图中演示的是在学生成长的过程中人生接触面的变化。

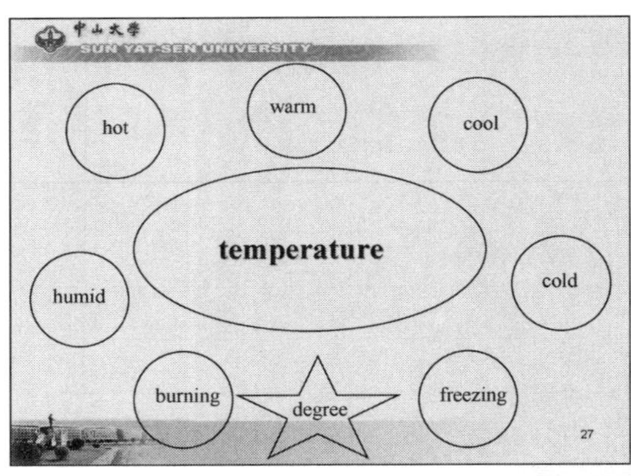

提点：这是主题关联词，图中演示的是与天气相关联的词。

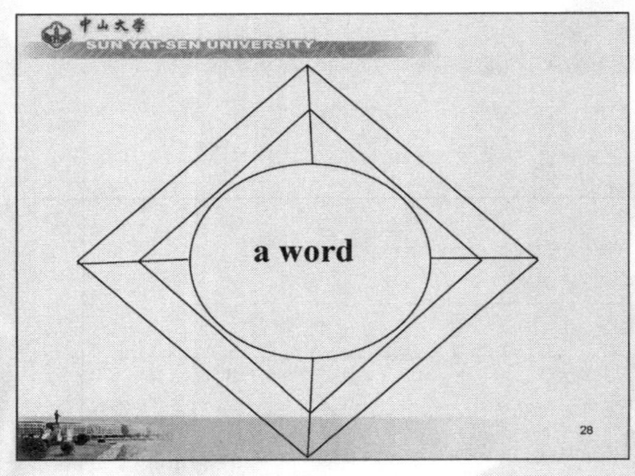

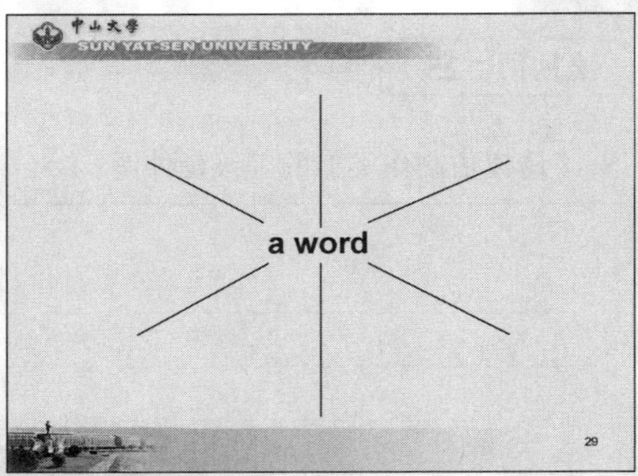

提点：请受训教师或读者自己试试，用这几种方法梳理或组合一个词。

幻灯片 26

（请把你的观点写在这里。）

幻灯片 27

（请把你的观点写在这里。）

幻灯片 28–29

（请把你的观点写在这里。）

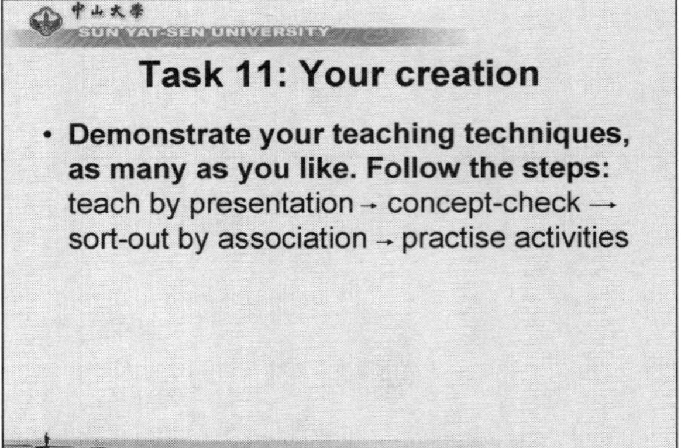

提点：请受训教师或读者自己试试沿着展示性词汇教学到词义理解检查性提问，再到词语的联想性梳理和组合的步骤组织教学，最后用尽可能多的创新方法进行词汇教学。

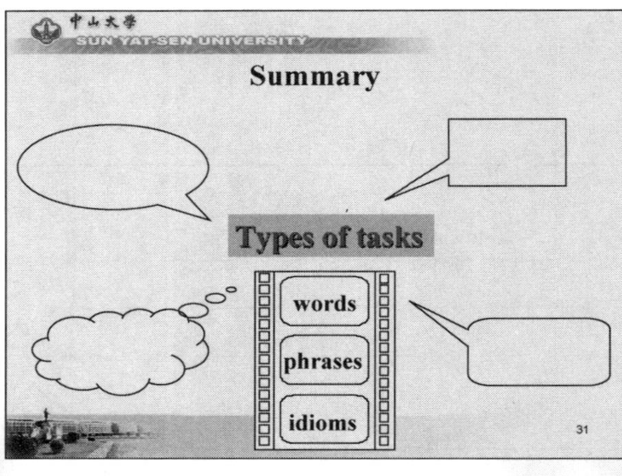

提点：此图为的是便于教师对单词、短语、习语教学进行方法归纳和总结。

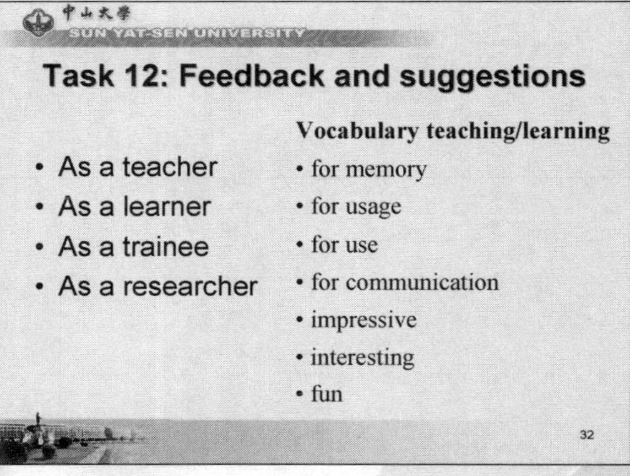

提点：请读者以教师、学生、研究者和受训者四种身份对词汇教学作如下反馈和建议：为记忆而教，为学用法而教，为学应用而教，为交际目的而教，为印象深刻而教，为趣味性学习而教，为快乐学习而教。

观点分享

幻灯片 30

（请把你的观点写在这里。）

幻灯片 31

（请把你的观点写在这里。）

幻灯片 32

观点分享 笔者在自己的教学中实施“任务型”教学法，学生自主创新词汇学习法，形式有：竞猜、即用、游戏、图示、对接、主题演绎法（影视、新闻、案例、故事、对白）、角色扮演等，不一而足，别出心裁，极富创意，方法多样，效果奇佳。

结束语

- 词汇教学也要以外语教育理念和教学方法论为指导。
- 词汇教学的活动形式需要创新设计。
- 词汇教学的真正效果在于交际化应用。
- 把词汇学习的责任和任务交给学生，会有出其不意的效果！

33

观点分享

提点：词汇教学可以生动活泼，形式多样，创意无限。只要观念现代、方法适当，词汇教学并不是一件苦事。

References

- Mc Carthy: *English Vocabulary in Use* Cambridge University Press 1995 (elementary, intermediate, advanced levels)
- Rosie Tanner and Catherine Green: *Tasks for Teacher Education* 1998 Addison Wesley Longman Limited
- 夏纪梅：《现代外语课程设计理论与实践》2003 上海外语教育出版社
- 夏纪梅：《现代外语教学理念与行动》2006 高等教育出版社

34

提点：这里提供了与词汇创新教学设计相关的参考书目，读者可以顺藤摸瓜从中得到更多的启示。

幻灯片 33

观点分享 结束语中关于词汇教学所依据的外语教育理念和教学方法论是“真实化应用性”、“交际情景化习得”。词汇教学的活动形式需要创新设计，这是现代外语教师的课堂教学技能发展的重要环节。能够大胆地把词汇学习的责任和任务交给学生，这往往会有出其不意的效果，因为学生是富有创造力的现代青年人！

幻灯片 34

（请把你的观点写在这里。）

第七章 任务型教学即场点评

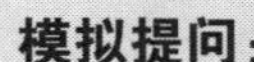

模拟提问:

任务型教学在中国实施遇到比较大的阻力和困难。到底这种教学法在我国是否可行?据了解,您本人在自己的教学中实践任务型教学法已经有十年的经历,期间最大的困难和收获是什么?

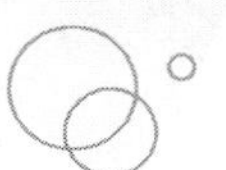

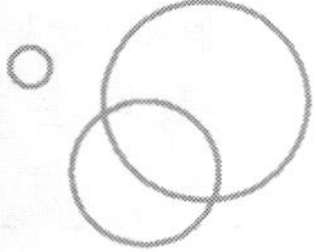

中山大学
SUN YAT-SEN UNIVERSITY

外语教师的课堂教学微技能发展
点评技巧

教师培训:理论转换实践的技能

夏纪梅

flsxjm@mail.sysu.edu.cn

1

提点: 这是为教师培训设计的“基于课堂的教学微技能”工作坊系列中的一个专题。任务型教学法实施的成效很大程度取决于适当的评价是否匹配。这里提供的是教师的点评标准和操作技能。

中山大学
SUN YAT-SEN UNIVERSITY

主要内容

- 点评的条件
- 点评的目的
- 点评的依据
- 点评的技能
- 点评的程序
- 点评的难度
- 点评案例分析

2

提点: 内容是任务型教学的课堂点评所涉及的几个主要方面。

中山大学
SUN YAT-SEN UNIVERSITY

一、点评的条件

- 真正以学生为中心的课堂
- 真正彻底的任务型教学法的实践
- 对学生有要求、有标准、有示范
- 让学生有选择、有策划、有准备
- 教师有观察与记录、分析与归纳、微观与宏观评价能力
- 教师懂得现代外语教学理念原则和评价标准
- 教师有评教评学和评讲经验

3

提点: 所谓“点评条件”,主要有两个:首先是课堂条件,然后是教师技能条件。

观点分享

幻灯片 1

（请把你的观点写在这里。）

幻灯片 2

（请把你的观点写在这里。）

幻灯片 3

观点分享 能够施展课堂评价的一定不是一般的课堂，不是传统的课堂，不是教师主讲的课堂，而是如本书前几章所提到的有"课文创新教学"和"词汇创新教学"以及"教学方法与教学效果一致性"的原则和做法的课堂。只有当老师给予学生机会对课文和词汇进行处理时，才有对学生的准备、作为、表现、语言应用状况、交际效果进行即场评价的前提条件。

要对学生的作为进行即场评价，教师要具备许多技能性条件。包括：观察与记录，分析与归纳，微观与宏观评价能力以及对现代外语教学理念和原则的把握，对人才标准的准确理解，用英语讲评的能力等。

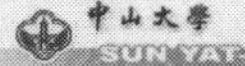

二、点评的目的

- **对学生：**
  强化英语应用的评价标准、了解同学表现的优缺点作为对照参数，了解自己的水平能力和被认同的程度，自己的表现得到鼓励和鞭策
- **对教师：**
  培养锻炼应用外语教学理论原则、观察学生应用英语交际和做事的能力、分析和提炼优缺点、英语即场笔记和点评能力
- **综合目的：**
  刺激鼓励: good points, encouragement, sense of achievement
  目标导向: criteria of excellence, areas to be improved, strength, weakness
  合作学习：product of teamwork, role balance, problem solving

4

提点：课堂点评既对学生有利，也对教师有利。

观点分享

三、点评的依据

1 外语交际教学法原理与方法论
2 高等教育人才培养目标
3 任务型教学法理念、原则、途径、标准
4 人才市场/职场用人标准

5

提点：这里提出了四种标准依据，外语教学“交际法”原理、高等教育“人才观”、“任务型教学法”原则、“人才市场/职场”标准。

观点分享

中山大学
SUN YAT-SEN UNIVERSITY

四、点评的技能

学生在台上，教师在台下：
1 观察与记录的能力
2 发现与分析的能力
3 归纳与评价的能力
 - 细节微观评价
 - 总体宏观评价

6

提点：如前所述，“点评”的前提条件是“以学生为主体”的课堂。这样的课堂已经变成学生在讲台、老师在座位上或讲台旁的格局，这对老师的挑战是很巨大的。

观点分享

幻灯片 4

观点分享 通过即场点评，学生从中了解自己的长项和不足，进一步明确努力方向。教师从中锻炼了多种技能，例如观察、记录、分析、讲评、英语应用、驾驭课堂、应变等能力。

如果点评到位，学生就会受到鼓舞，找到成就感，享受团队合作、同伴互助的乐趣。

幻灯片 5

观点分享 “外语交际教学法”倡导为交际而学，在交际中学，以交际能力和效果为检验标准。高等教育人才观注重知识(knowing)、能力(doing)、做人(being)。大学生要能寻找知识、加工知识、创新知识；要有动脑、动手、合作、解决难题的能力，从而成为人才市场和职场适用、能用、好用的人力资源。这些都应该成为具体细化的学生课堂表现即场点评的标准依据。

幻灯片 6

观点分享 当学生按既定计划和任务布置轮番在台上演绎、演讲，展示学习成果时，老师好像轻松了，然而实际上，老师的眼、耳、心、手、脑全部都要高度集中。笔者发现，许多在学校待久了的教师，习惯了自己在讲台干讲，调换了位置之后就不知所措了。他们要真正具备页面上所展示的点评能力，既需要他们观察记录细节，又需要宏观把握方向，还要立即作出准确适当的评价。这是一种全方位的历练。

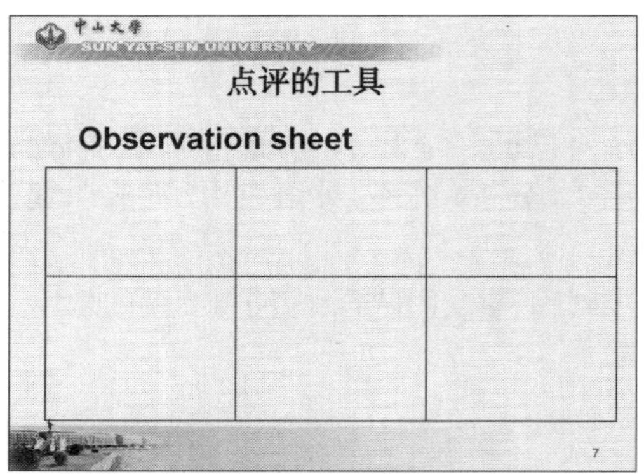

提点：所以，为了能够在评价时有依据，即场笔记很重要。

观点分享

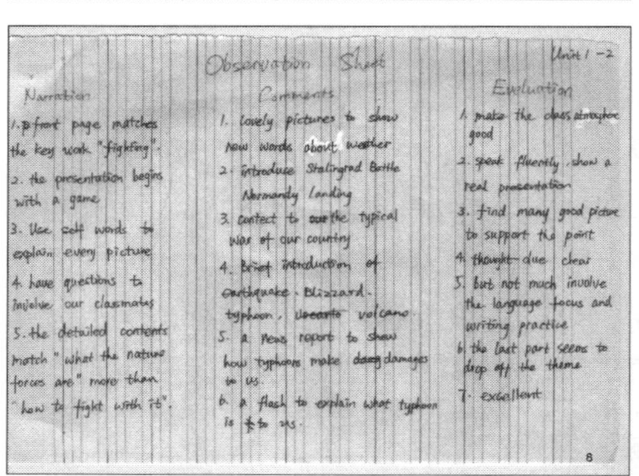

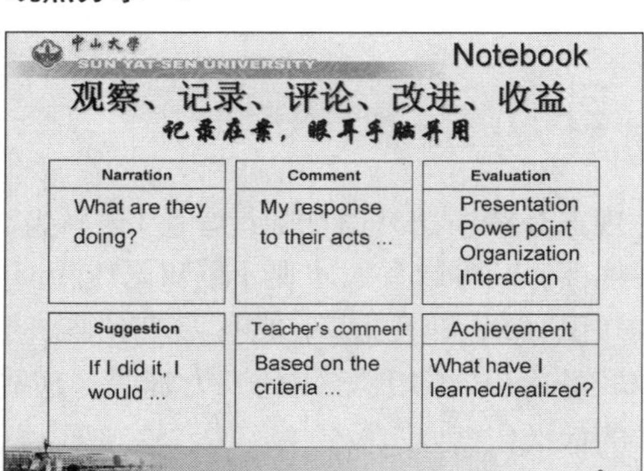

提点：这是让学生同时做的笔记。目的在于培养学生对同学的表现进行观察、记录、评价的能力，在此基础上提出改进建议，从而自身也有所收获。在老师点评时，学生也可以以此为对照的依据。老师也可以检查学生的笔记，了解学生的课堂学习状况。必要时，学生的笔记本可以在期末回收，作为业绩评分的依据之一。

- **3-C**: contents/clarity, coherence, creativity
  - clear in content
  - coherent in organization
  - creative in designing
- **3-P**: preparation, presentation, power point slides
- **3-tion**: presentation, demonstration, interaction

10

中山大學
SUN YAT-SEN UNIVERSITY

观察分析的具体评价标准：

- **Presentation:**
  - contents: theme-based, text-related, content-extended, author's points of view, team's interpretation, class' opinions, perspective, supportive
  - speech: well-prepared, fluent, clear, talk instead of reading aloud, opening and concluding remarks
- **Demonstration:**
  - clear thought clue, well-arranged points, professional structure composed of front page, content/outline page, acknowledgement and references, end page
  - creativity: ppt design, multi-media, variety of sources, activities, materials (e.g. internet download, media, TV, radio, movie, self-DV, VCD, newspaper, magazine, catalogue, photo, picture, ads, scanning documents, etc.) activities (games, interview, role play, debate, contest, discussion, guess, etc.)
- **Interaction:** between team members, between classmates

11

提点：观察记录还要有标准依据。这里提供了三个观察点。

观点分享

幻灯片 7

观点分享 这里提供的即场笔记模式，目的是保证笔记有规范、有条理、有技巧，详细、全面、准确地提供评价依据素材。这样的笔记也需要历练过程。首先是把看到的和听到的逐项记下来，作为学生表现的原貌。同时对学生的表现作出相应的细节评价，通过不同的符号、记号标注哪些对路、哪些有疑问、哪些离标准尚远需要改进。最后，对整个表现作出总体评价。总体评价也最好分为几个组成部分，分别评价。

幻灯片 8–9

（请把你的观点写在这里。）

幻灯片 10–11

观点分享 3-C: 第一是contents/clarity，关注学生对课文和词汇研习后选择的内容是否清楚适当。第二是coherence，指内容组织是否具有严密的逻辑。第三是creativity，指内容展现的形式是否有创新性。

3-P: 第一是preparation，由于学生常常会在上场前临时凑合，出现这种情况一定会在演示时暴露出粗糙和随意之处，这在“准备”环节要扣分。第二是presentation，指的是学生的表达是否流畅而不应只是念稿。第三是 power point slides，指学生展示自己设计制作的电子课件是否对内容有足够的支撑作用而不是简单地将课本文本搬家。

3-tion: 首先还是presentation，因为这是培养学生多方面能力的最好途径。事实上，从人才培养的目标出发，无论是学术活动还是商业活动，presentation都是一种看家本领。第二是demonstration，即评价内容呈现的水平。第三是interaction，即要求学生一定要设计活动以便保持全班互动，而不是重演“我讲你听”换汤不换药垄断式的灌输传授型主讲模式。

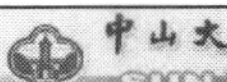

SUN YAT-SEN UNIVERSITY

评价标准（续）

- **Effects :**
- stimulating, motivating, activating, involving, interesting, language learning, communication practice, real-world like experience
- **Structure:**
- three-step presentation: introduction—body—conclusion
- six-part ppt pages:

1）Front page: title, theme, presenters, background picture
2) Outline page: components
3) Content pages: sources and means of materials
4) Acknowledgement
5) References
6) End page

- **Timing:**
  (20 minutes at least.)

12

观点分享

提点： 要学生做到位，一定要把预期效果交待清楚，也要把具体规范要求明示。

SUN YAT-SEN UNIVERSITY

任务要求与评价标准的一致性

- **Varieties for designing:**

1) questions (warming-up, leading-in, open-ended, connected, further down, back-up, developed, student-involving, common-sensed, etc.)
2) games (interesting, interactive, dynamic)
3) interview (DV, on-site, in-class, out of class)
4) role play (prepared, live)
5) comparison between China and West
6) debate (for and against, pro and con, left vs right, different voices)

13

观点分享

提点： 除了以上给出的详细的任务评价标准要求，教师还要对设计给予具体的指导。

幻灯片 12

观点分享 预期效果正如本书多次提到的外语教学原则：stimulating, motivating, activating, involving, interesting, language learning, communication practice, real-world like experience。

框架结构包括演讲三部曲：开场白，主干内容，结束语。

电子课件基本组成部分：1）封页要有课文/单元主题，支撑主题的背景图片，主持团队的成员信息。2) 目录页要有研习结果的分类，每个部分最好有递进关系或逻辑关联。3) 内容页可以是数十页，但要求非文本性呈现，要尽量多渠道、多形态、多资源，真正达到多媒体的效果。4) 致谢页，培养学生学术规范之一，是对那些曾给予支持、指导或帮助的人的公开鸣谢。 5) 参考文献页，也是培养学生学术规范之一，即将所引用材料的来源进行列举交待，以免剽窃之嫌。6) 封底页，这是与封面页相呼应的结尾。

每个团队的演示和主持时间规定不少于20分钟、不多于30分钟。这样，一堂课45－50分钟，还有时间留给教师作点评。

幻灯片 13

观点分享 为了帮助学生达到以上“3-C”、“3-P”、“3-tion”、“6-ing”的任务效果，教师要着力指导学生进行课件和活动的设计。设计要有多样性和有效性。例如: 1) 设计问题，包括设计热身、导入、开放性、关联性、追问、延伸、贴近学生生活、调用常识等多种形式且有深度和有刺激思考意义的问题。2) 设计游戏，特别鼓励倡导那些与学生年龄特征相当的、有趣味性的、有互动效应的、能让课堂动起来的游戏活动形式。3) 设计访谈，可以是课外先录制好的，也可以在课堂上即场进行。4) 设计角色扮演，可以是预先排练好的，也可以是现场做的。5) 设计中西比较案例或文化现象。6) 设计辩论，可以分为正方反方，也可以是多种不同立场或身份的声音。

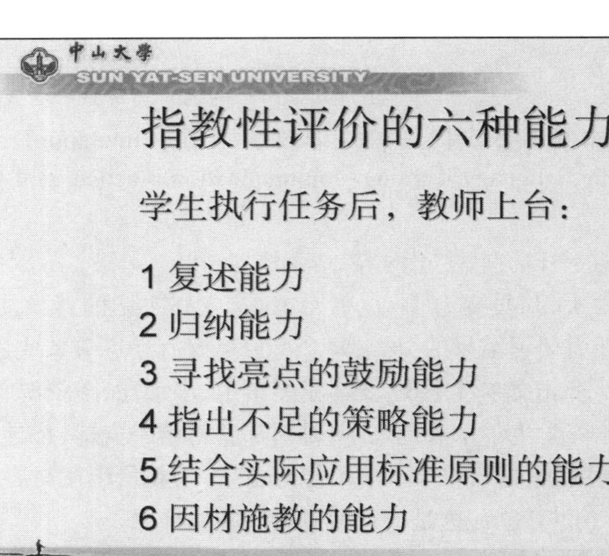

观点分享 →

提点：教师对学生表现的点评首先是指教性的功能作用。

教师：3R

- **Recall**：what the team did by replaying the ppt
- **Review**：the criteria
- **Respond**：comments about the good points first, then where and how to improve
- **学生**：发表评论
- 等级评定（优秀、良好、一般、合格、不合格 (5–1)

15

观点分享 →

提点：归纳起来，教师的点评阶段要有三个步骤。

幻灯片 14

观点分享 学生执行任务后，教师上台要做的事情难度很大，要求很高，主要是能力问题：1）复述能力，依据所作的详细笔记对上场学生的表现过程作要点复述，不能错漏。这种“回放”，可以加强印象。2）归纳能力，对学生的总体表现进行必要的、导向性的归纳，这比复述进了一步。3）寻找亮点加以鼓励的能力，对即使做得很差的学生团队，也要能尽量找出其亮点，例如，态度很认真，或者投入时间精力很多，或者善于寻找材料等等。4）指出不足的策略能力。在指出不足时，一定要有策略，以减少伤害或打击。例如，对无伤大雅的语病不要强求准确；对内容凌乱的要帮助梳理，对材料单一的要给多样化的启示，对解读不够深刻的要补充自己的见解。诸如此类。这个环节非常重要，是给后续团队最好的指引。5）结合实际应用标准原则的能力，最好先逐页回放该队的ppt，紧紧结合之前交代的具体标准进行对照评价。这样反复加强标准要素，后来的团队会越做越到位。6）因材施教的能力。由于上场的团队表现或暴露的问题各不相同，教师的点评有助于因材施教。

幻灯片 15

观点分享 1）Recall：通过逐页回放 ppt，一方面有利于有理有据地复述该队做了什么，另一方面能够把亮点和问题讲透，为作评价提供事实依据。2）Review：点评时要不断复习之前交待的标准要求，逐一对照。3）Respond：在前两个步骤的基础上，对该队表现作出反应，特别要对优点特点和创意评价到位，一方面起到鼓励作用，同时也是现身说法、树立榜样，是最好的示范导向。对存在问题和不足之处作反应评价时，也要以理服人，特别是要提出如何改善和为什么必须改进的原因，为随后的任务团队“打预防针”。归纳两点：亮点讲足，问题讲透。只有这样的教师点评才能保证效果。

教师点评之前或者之后，最好鼓励学生发表评论，检验大家对标准的掌握情况，也听听其他学生的声音。

评价之后要打分，评定等级分为优秀、良好、一般、合格、不合格。由于这样的评分具有竞争性、互比性，也事前声明作为学期形成性评价的重要组成部分，占分权重较大，学生自然会很在乎，尽最大努力按照标准去做，老师也尽量鼓励，重在过程。由于学生具有年龄优势，所以潜力很大，会越做越精彩。

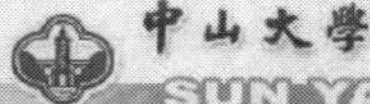

六、点评的难度

- 教师的即席演说能力
- 教师对弱队的点评能力
- 教师应对复杂意外或临场问题的能力
- 教师管理动态课堂的能力
- 教师的交际能力
- 教师的设计能力
- 教师同时进行观察、笔记、分析性思考和全方位观察、多个观察点评价的能力

16

提点：任务型教学教师的课堂点评是决定这种教学模式是否达到预期目标的重要环节，对教师挑战很大，要求很高，所以有相当的难度。

观点分享

幻灯片 16

观点分享 把课堂还给学生，把讲台交给学生，20－30分钟之内教师在台下做什么？之后上台做什么？这是对传统教师主宰课堂的颠覆，难度自然很大。但是，这样做，挑战与机遇并存。首先，教师的即席演说能力。实施传统的外语教学法时，教师是有备而来的，这种讲课能力在演讲比赛中属于prepared speech。即席演讲比备题演讲难度大，一方面是在没有准备的情况下要说得流利顺畅、言之成理，另一方面英语教师在没有准备的情况下用英语评说更是一大考验。事实上，不少英语教师自己的英语口语随着环境的缺乏而退步。因此，保持课堂点评和即席演说能力实际上是教师在岗发展的必备技能。

教师对弱队的点评困难最大，因为既要寻找优点，不能当学习积极性的杀手，又要把问题讲得让人心服口服。这种能力即使应用母语也不容易，更何况用英语呢。

教师应对意外或临场问题的能力在任务型团队展示过程中非常需要。例如，有时课堂电脑出了故障，有时课堂网络掉了线，有时学生团队临时因故出现缺员，有时班上其他同学不能较好地配合台上主持团队的互动指令等等。教师作为"课堂经理"就要有管理动态课堂的能力。记得有一次，遇到一个团队在电脑出故障不能借助原先做好的ppt时，笔者给这个团队两个选择：一是留到下次上课再做；还有就是迎难而上，没有ppt也做。结果，那个团队负责的单元主题恰好是"The obstacle"，他们勇敢地表示，这就是战胜困难障碍的最好行动，遇到意外照常做。对此，笔者给了他们很高的分数以示奖励。

教师的交际能力也是外语教师本身必须具备但不少教师却严重缺乏的。所以，即场点评也是培养教师真实地进行人际交流能力的最好途径。

教师的设计能力一方面表现在指导、示范、鉴赏多媒体课件的水平上，同时要表现在和学生共同学习、掌握与时俱进的多媒体教学课件制作技术上。在这个方面，学生比教师有优势，教师要充分巧妙地加以利用。

教师要有在有限的时段内同时进行观察、笔记、分析性思考和全方位、多个观察点进行评价的能力，这种能力不是靠一两次实践而是靠长期反复的历练。这样做完一堂课，教师的精神疲劳比自己干讲一堂课累得多，但锻炼成长以及自身发展进步的成效却是不可比拟的。

提点：总之，课堂的即场点评是真正的"任务型"教学法，全方位对外语教师的自主性发展具有深远的隐性和显性效益，是值得下功夫历练的职业技能。

幻灯片 17

（请把你的观点写在这里。）

第八章 多媒体教学课件的设计

模拟提问：

现代外语教学已经离不开多媒体技术手段。教师依据教材、教学内容、教学目标设计多媒体课件，这已经成为教师课前或课外除了备课和批改作业之外要做的重要事情。如何能把这种需要技术的活干好？什么样的多媒体课件才是具有良好效益的呢？

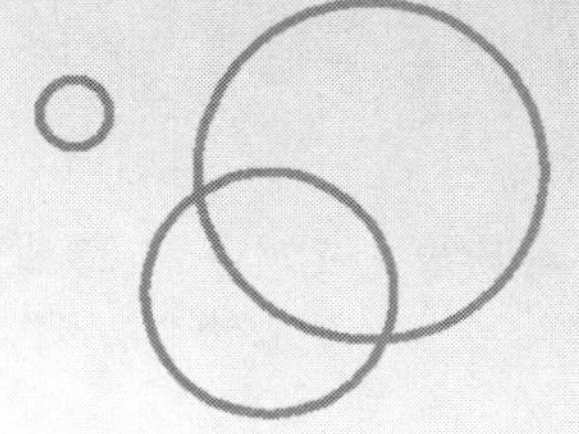

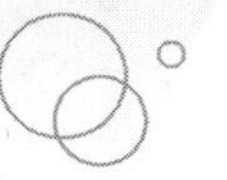

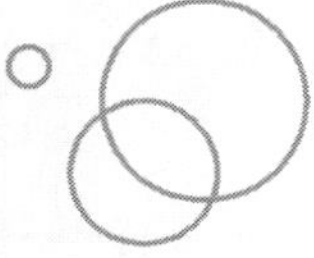

提点： 这是笔者在2011年全国外语教师以“教育技术与教师发展”为专题的研讨会上应邀所作的主题发言。

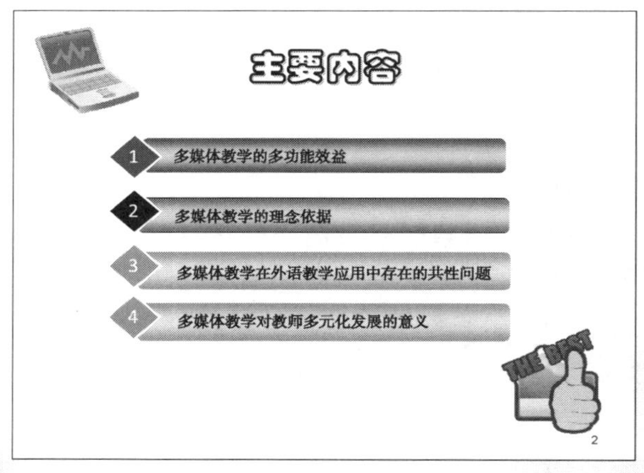

提点： 这是本专题的主要内容，涵盖师生合作设计多媒体教学的功能效益、理念依据和常见的共性问题以及多媒体教学对教师发展的意义。

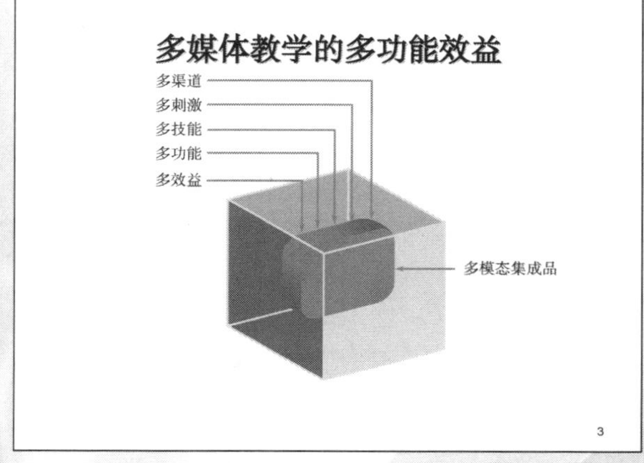

提点： 请读者先反思一下，多媒体和多功效这“两多”所带来的“五多”在我们的课堂是否已经实现了？

观点分享 ➡

幻灯片 1

（请把你的观点写在这里。）

幻灯片 2

（请把你的观点写在这里。）

幻灯片 3

观点分享 众所周知，多媒体教学资源一定来自多渠道，例如，媒体、网络、图片、照片、历史资料的扫描件等，呈现声像，图文并举，随时链接电影电视立体镜头支撑或展示观点。

多形式多模态的材料对学习者的多种感官能产生有效的多刺激，例如，视觉、听觉、感觉、触觉、思维等都被有效地调用起来，增强学习的效果。

多媒体教学要达到以上的效果，需要设计者掌握多种技能，主要包括信息搜寻、筛选、组合和处理的技能，这些在很大程度上是技术性技能。例如，要到网上下载、电影电视片的剪辑、音频材料的链接、要点的排序、插图的配置、模板设计等等。

多媒体课件设计与制作效果的多功能在于能放能收。为了不让学生一眼看到所有的要点或答案，可以设计ppt页面内容根据需要逐一弹出。例如，先提问，先讨论，然后再出现答案。放完之后，如果需要，可以重新让答案消失，让学生操练刚刚学过的知识。

这种多模态集成品的多重效益比一个人、一张嘴、一个脑、一支笔、一块板、一种形式的教学模式自然要丰富生动得多。不仅如此，有了多媒体课件，还省去了当场板书所花费的课堂宝贵时间。

观点分享

提点：这里提出了一个可能许多人没有想过或不敢想但很重要的命题：设计多媒体课件究竟是谁的事，老师还是学生？页面上的三幅图分别想说明什么？此外，多媒体课件以幻灯片形式展示，而英文词power point可以理解为有power的point，因此，如何make the points powerful呢？

观点分享

提点：可见，笔者提倡师生合作设计多媒体课件，其理论依据首先是语言功能与习得理论。

幻灯片 4

观点分享 显然，第一幅图说明，仅由教师一人做多媒体课件，累得半死不说，质量和水平也难以保证。特别是对技术水平不高、时间不够用、不善利用网络媒体的教师来说更是背不动的包袱。第二幅图让我们看到师生合作，共同设计，其乐融融。第三幅图是一个拼板，寓意“合力”构成相互契合的图案。后两幅图是我们追求的目标。

幻灯片 5

观点分享 语言的功能是“非单一”性的，因为语言是在社会交流中使用，语言是思想和文化的载体。语言是工具，而任何工具的使用都具有技能问题。应用语言作为交际的工具，其应用性、真实性、表述性、策略性、多向性、接收性、输入性、输出性、互动性是需要交际人大量的经历和体验才能从中得到的感悟。

语言习得和交际应用还有集成性问题，因为当代人的认知已经不再像过去局限于文字的读和写，而是多元识读，包括电子途径的识读和交往。因此，语言的习得是“非单一”化的。作为参与外语教学的老师和学生，不仅仅是课堂里的人、学校里的人、课本里的人，更应该是社会人。所以，整个外语教学过程需要社会化，也就是真实语境化，语言行为化或交际互动化，接收信息渠道多样化，输入与输出系统化，多人集成化。有了这样的条件和环境，才谈得上语言习得过程的思维交织化。这些理念都在本书其他章节分别详细阐述过，应用在多媒体师生合作设计问题上同样具有指导意义。

Expanding the classroom **Getting away from "classroomese"**

HOLISTIC BEING

communicative tough/determined cooperative

Creative/innovative responsible

initiative integrated

original cultivated

productive **SOCIAL BEING** smart

capable efficient

competent **CLASSROOM BEING** independent

up-dated transferable

flexible

up-graded

conscientious

6

提点：此图再现了从“课堂人”到“社会人”最终成为“全面发展的人”的培养过程，最终目标的人才素质圈内所供给的英文词都取自世界500强企业人才招聘广告用词或者企业精英人才标准，从中可以看到我们培养人才的教学目标要注意哪些方面。

观点分享 ➡

师生合作多媒体课件的理论依据 2
生本理论

7

提点：这两幅图就是想形象地说明两个教育原理：学生要学会游泳还是靠他们自己的游泳实践与体验，任何人无法替代。要培养学生出海打鱼的本领，而不是题海做题的本事。

观点分享 ➡

TBL Process-students' tasks
学生：“我的课程我做主”

学生的适应性：年龄特征、心理需求、学习方式、技术能力；学生的想像力、创造力、学习力的最充分释放效果；学生对知识的探索、发现、梳理、应用、建构过程与成果的最大化

8

提点：正如本书其他章节反复提到的“任务型”教学法的真谛在于赋权放手，让学生自主与合作加工处理知识，成为学习的真正主人和主体。

观点分享 ➡

幻灯片 6

观点分享 全面发展的精英人才素质包括：在战斗力方面，要“tough（坚强）”、“determined（坚定/百折不挠）”；在生产力方面，要“creative/innovative/original（创新）”、“initiative（开拓）”、“smart/transferable/flexible（精明）”、“cooperative/communicative（合作）”、“efficient（效率）”、“independent（独立）”、“capable/productive/competent（能干）”；在职业道德方面，要“responsible（负责）”、“conscientious（良知）”、“integrated（诚实）”、“cultivated（文明）”，此外，还要“updated（与时俱进）”、“upgraded（不断进取）”。

归而纳之，有责任心，有职业道德和文明良知，善于合作，善于开拓，富有创意和生产力，具备综合技能，聪明机敏，能干高效，与时俱进，不断提升等，这些都是现代具有竞争力和深受名企青睐的人才素质，它们也应该成为我们的外语教学目标。在师生共同合作设计或让学生组队合作设计多媒体课件的过程中，一定能够有效地帮助学生培养这些素质。

幻灯片 7

观点分享 师生合作或学生合作设计多媒体课件就是在知识的海洋里游泳和打鱼的历练。

幻灯片 8

观点分享 学生设计多媒体课件具有可行性和适应性，因为他们具有很好的技术能力、想像力和创造力，这符合他们的年龄特征、心理需求、学习方式。让他们用语言去做事，是学习力最充分的释放过程。学生对知识的探索、发现、梳理、应用、建构过程还能使学习达到最大化的效益。笔者实施了十年的任务型教学，实践证明学生完全可以自己设计多媒体课件。更值得一提的是，师生合作和学生团队共建的多媒体作品精彩纷呈，已经积累成一个丰富资源库，成为宝贵的教学财富。

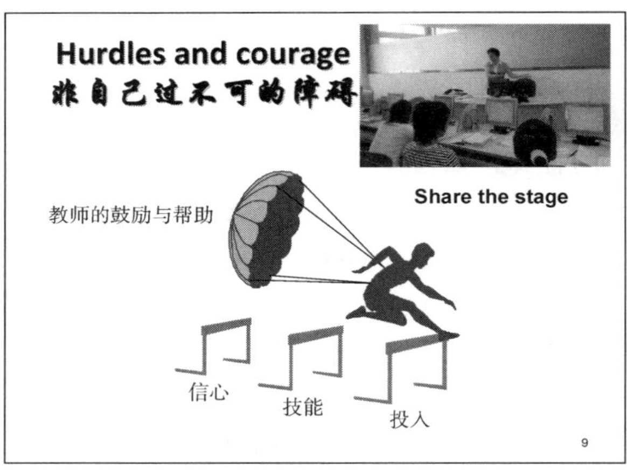

提点：学生在设计多媒体课件的过程中一定会遇到各种困难，但这是他们非自己越过不可的障碍。

观点分享 ➡

师生合作多媒体课件的理论依据 3
认知理论

1 **建构主义理论**：知识的探索与共建
2 **学习效能理论**：实践出真知（见“学习金字塔”实验）“听一遍不如看一遍，看一遍不如做一遍，做一遍不如教一遍”
3 **任务型教学法理论**：真实社会的任务
4 **创造力培养理论**：左右脑交替使用，发散性与聚合性思维转换，“寻找事实—寻找问题—寻找方案—解决问题”培养模式（见“创造力之父保罗·托兰斯”）

10

提点：认知理论强调知识共建，提倡问题模式，相信实践出真知，这些也都是对学生合作和师生合作的理论支持。

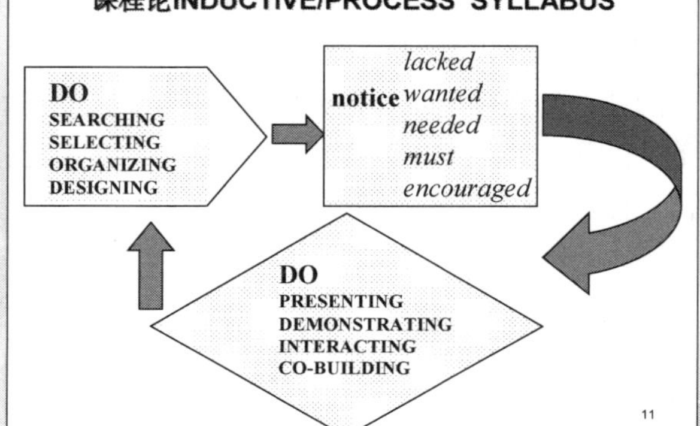

提点：此图演示了从“干”到“发现”再到“干”的良性循环。

幻灯片 9

观点分享 在现实生活中，没有一帆风顺的道路。如上所述，学生在校期间把学习过程当作社会化的经历是必要的。学生在组队合作设计多媒体课件的过程中，可能会遇到意见不合，需要协商、让步、争论、再达成共识；可能会因材料太多太凌乱，需要筛选、剔除、整合；可能分工不当，个人优势发挥不出来，需要吸取教训，在以后加以改善，如此等等。这些矛盾的处理过程难道不是最真实的社会化培养吗？

幻灯片 10

（请把你的观点写在这里。）

幻灯片 11

（请把你的观点写在这里。）

师生合作多媒体课件的理论依据 5
交际理论

- Information gap
- Opinion gap
- Interpretation gap
- Perspective gap
- Generation gap
- Gender gap
- Reader gap
- Reader-writer gap

- Knowledge-ability gap
- Theory-practice gap
- Ideal-reality gap
- Teacher-student gap
- Classroom-society gap
- Student-talent/HR gap

12

提点：根据交际理论，人与人之间有许多“沟”，需要应用语言和相关技能去填补。

观点分享

师生合作多媒体课件的理论依据 6
教师发展理论

- **“教育”的原本定义**：抽引智慧
- **教育者的职业发展**：教学相长
- **师生合作**：教师发展的黄金原则
- 教师对语言观、认知观、教育观、学生观、学习观、课程观、交际观等的理解、应用、行动、效果
- Skill-getting activities vs Skill-using activities
- Pedagogic activities vs Real-world activities
- Learning what vs Learning how

13

提点：师生合作设计多媒体课件的最后但也是对教师最重要的理论依据是教师发展理论。

观点分享

信息时代外语教师职业技能
新媒介时代多模态知识建构

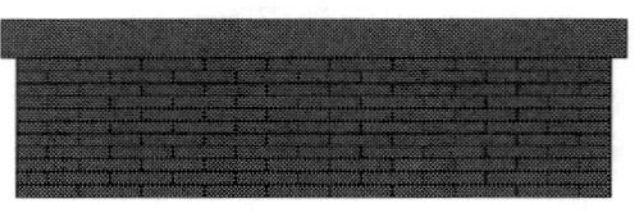

课程设计	任务设计	课件设计	标准设计
指挥组织	调控指导	解决问题	即场点评

14

提点：信息时代外语教师职业技能与新媒介时代多模态知识建构就像页面上的图式，教师要能“砌砖墙”。

观点分享

幻灯片 12

观点分享 把设计多媒体课件作为真实语言应用和交际任务布置下去，在执行过程中就会出现真实的"沟"，例如，知与不知的沟，不同意见之间的沟，不同理解的沟，不同性别的沟，读者与读者的沟，读者与作者的沟，知识与能力的沟，理论与实践的沟，理想与现实的沟，课堂与社会的沟，学生与职场对人才要求的沟。最后，老师与学生之间可能还有代沟。

幻灯片 13

观点分享 教师想要抽引学生的智慧必然要给学生机会让其释放智慧。教师要想教学相长必然要在教学活动中直接得到学生的反哺。教师发展的理论包括教师的各种观念、信念和理念。值得注意的是，对学生来说，skill-getting activities 与 skill-using activities 相比，前者不如后者效果好。同样，pedagogic activities 不如 real-world activities 效果好。因为前者属于 learning what 而后者属于 learning how，这种"学习观"本书已经在其他几章已有所阐释。

幻灯片 14

观点分享 多媒体教学对教师多元化发展和教学复合技能的提高具有很现实的意义。本书已在不同的章节分别作了详细的阐释。应该说，这些课堂"微技能"只有在任务型、多媒体、团队式、互动式的教学模式实施过程中才能得以施展。

信息时代外语教师职业技能需求

- **了解**：对人才标准、职场需求、交际场合、社会人生、教育技术、教育对象的了解
- **意识**：变化意识、时代意识、市场意识、跨文化意识、发展意识
- **行动**：应变、创新、合作，社会化，真实化
- **角色**：主导变辅导，单一变多重，已知与未知
- Inside the box and outside the box
- Change your beliefs/concepts/ways/students to meet the changes

15

追求卓越的外语教师发展历程

- **教师—明师—能师/匠师/技师—慧师—范师—导师— 学生的良师益友**
- **明白、启迪、示范、调教、引导、指导学生：**

1）遵循学习外语的规律性
2）提供学习外语课程/课本的真实性环境
3）保障课堂教学效益的自然延伸
4）创新学生学习成果的显现形式与评价方法

16

提点：要真正意识到，教师角色从主导变辅导，教师技能从单一变多重，教师知识从已知变未知，对教师的挑战是全方位的。

观点分享 ➡

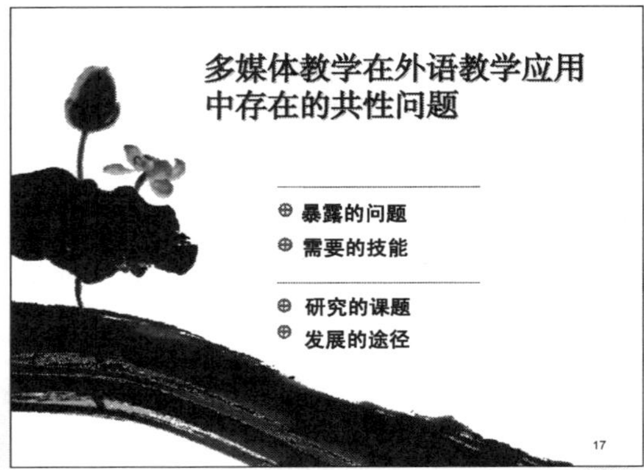

提点：毫无疑问，采用多媒体教学形式已经相当普及。但是，多媒体教学在外语教学应用中存在着许多共性问题，请思考特别常见的认识误区和行为误区有哪些？页面上的荷花图意味着美丽的花朵下面有淤泥。

提点：这里提出的问题请读者先思考或反思。

幻灯片 15–16

观点分享 现代英语世界流行这样一种说法，就是要outside the box，即“跳出旧框框”才能应变创新。现代外语教师如果不能从旧式的教学套路中“跳出来”，改变原来过时的信念、观念、方式乃至改变学生依赖老师的不良学习习惯，就不能适应变化，也就不能成为现代学生的良师益友，达不到这里提到的效果。

幻灯片 17

（请把你的观点写在这里。）

幻灯片 18

（请把你的观点写在这里。）

多媒体教学在外语教学应用中存在的共性问题

- **多媒体功能丧失或应用不当：**文本搬家（单媒体），教师单干，粉笔变鼠标，见屏不见人，人际与人机和人网的各自功效分工不明等现象
- **多媒体教学课件的设计与制作：**现代外语教学理念的体现程度、表现形式、作品标准、设计人的合作、过程与结果、评价与反馈等

19

提点：多媒体教学在外语教学应用中存在的共性问题可以归纳为“三单”：“单媒体”、“单干”、“单向”。

观点分享

问题讨论

方法

目标

效果

资源渠道

学习效能

工具/技能

20

提点：我们不妨再结合这些问题重温现代教育的目标、方法、渠道、效能。

外语教学的进阶

事实上，中小学英语教学改革的步伐和大学英语教学改革的接轨问题已经迫在眉睫。

语感

语知

语用

交际应用

21

提点：这是大中小学外语教学的接轨问题。在这个发展进阶链条上，随着我国外语基础教育新课标和大学英语教学新要求的颁布，实际上每个阶段的教学都有了与时俱进的目标和方法。

幻灯片 19

观点分享 笔者在观察和评价教师课堂教学的过程中发现，多媒体功能丧失或应用不当的最普遍表现是文本搬家，把教材课文或教师用书变成电子版呈现而已，这就成了单媒体。本书以上提到多媒体应该是多渠道多刺激多功能的教学手段，所以需要设计。

多媒体功能丧失或应用不当的最普遍表现还有教师单干，而且由于电脑位置设置不当，老师躲在黑暗的角落操作，造成课堂里见屏不见人。这样的后果使得人际与人机和人网的各自功效分工不明。本来学生可以自己上网上机做的练习，在师生面对面的课堂里重复，而本来师生人际交往的环境却没有被利用。

多媒体教学课件的设计与制作要体现现代外语教学理念，从表现形式、作品标准、设计人的合作、过程与结果、评价与反馈等要充分体现。如果只有教师设计、教师制作、教师操作、教师展示，教学就成了教师的单干和单向行为。

幻灯片 20

（请把你的观点写在这里。）

幻灯片 21

（请把你的观点写在这里。）

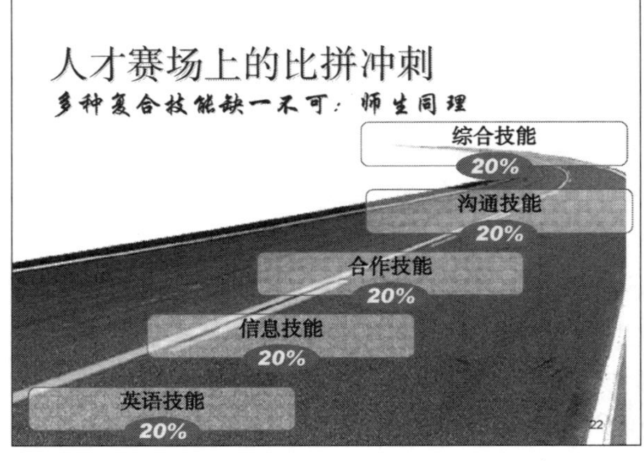

提点：在人才市场的竞争跑道上，人才所需的信息技能也应成为办学和人才培养的目标。

人才职场能力发展

Personal capabilities:
be ready to accept responsibility for their own lifelong development, set realizable personal goals and career plans, possess the learning and communication skills

Interpersonal capabilities:
share ideas, opinions and experiences with others, work in a team, use oral and written methods to communicate effectively in the workplace

Vocational capabilities:
deal with relationship, handle matters, solve problems, fulfil tasks, respond to challenges, etc.

23

提点：这里提供的是具体的人才职场能力发展的目标，是1997年英国一所工科院校校方拟定并由校长亲自执教的课程目标。

观点分享

人才职场能力发展

Information technology capabilities:
make confident use of computer-based systems for handling textual, graphical and numerical information appropriate to the nature of the work they are likely to pursue

Innovative and problem solving capabilities: apply their transferable skills to the execution of individual and group projects, demonstrate creativity, flexibility, perception, decisiveness, confidence and an awareness of values
(Coventry University 1997: Capabilities to be developed for talents)

24

观点分享

幻灯片 22

（请把你的观点写在这里。）

幻灯片 23

观点分享 首先是个人的能力发展，包括准备为自己的终生发展负责，建立可实现的个人目标和职业目标，掌握学习和交际技能。其次是人际交往能力的发展，指的是与人交流分享观点、想法、经历或经验的能力，与他人及团队合作的能力，在职场应用口头和书面有效交流的能力。第三是职场能力发展，包括处理人际关系，处理多种事物，应对各种难题，完成各种指定任务，应变等能力。

幻灯片 24

观点分享 第四是信息技术能力，指的是能够自信地应用计算机处理与自己业务相关的文字、图表、数据信息的能力。第五是创新和解决难题的能力，包括把所学的技能转换成实际工作中个人或团队的项目操作中去，展现自己的创新点、变通性、决策能力和相应的观念、信心和价值观。

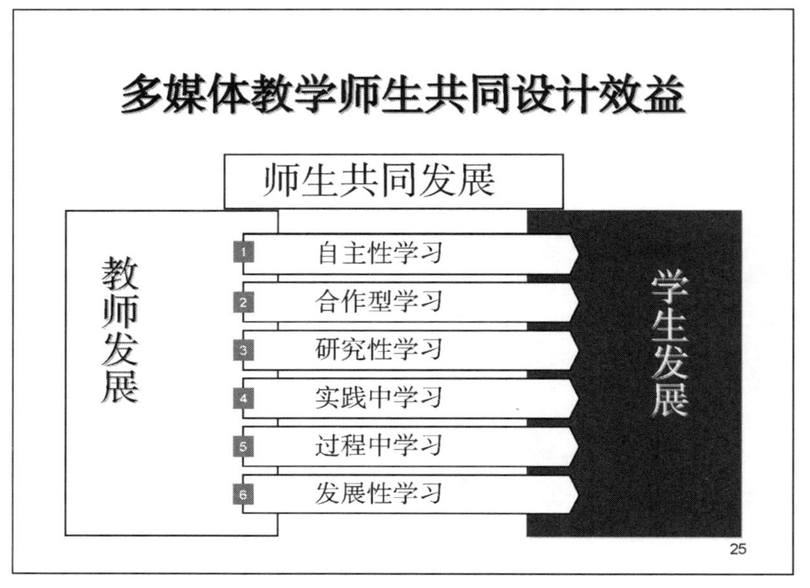

观点分享

提点： 师生共同设计多媒体的益处就在于师生共同发展以上职场人才所需的技能和素质。

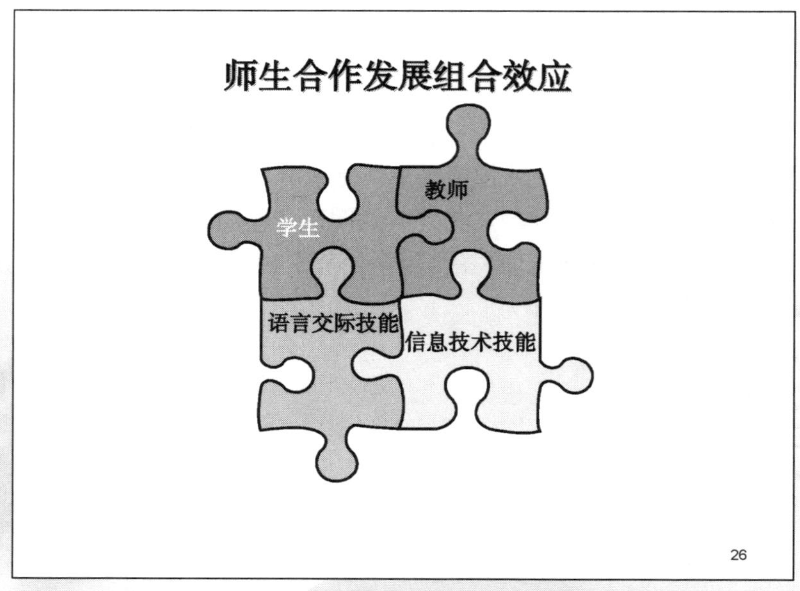

提点： 正如本页面上的拼图，这是合力的结果。

幻灯片 25

观点分享 具体而言，在实践和过程中边干边学，既有学习的自主性、合作性，也有研究性、发展性。例如，对一篇课文的学习、阅读、理解时，学生自主寻找课文作者的背景材料，与同学交流各自对作者观点的理解，思考与现实或自身相关联的问题，再用多媒体课件辅助英语陈述和展示成果，这个过程足以发展语言应用和交流能力以及以上提到的多种能力。

幻灯片 26

（请把你的观点写在这里。）

Lego 的启示

27

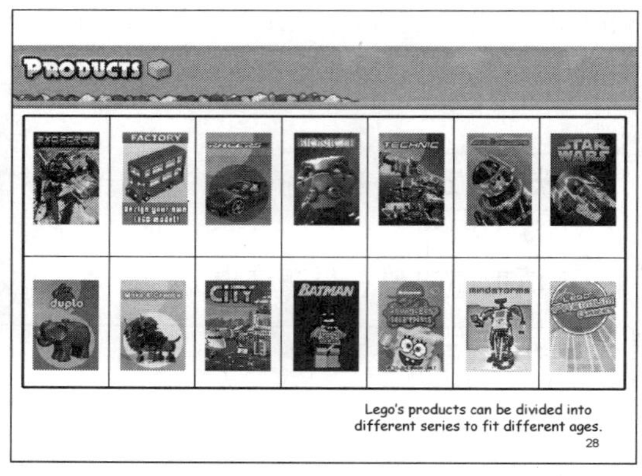

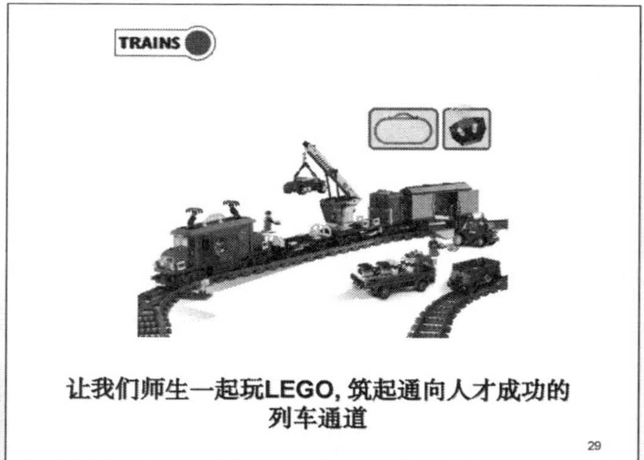

提点：笔者建议读者和教师借鉴一种世界著名的Lego玩具，从中获取教育的启示。

观点分享

幻灯片 27–30

观点分享 这种玩具之妙处在于，让孩子把一个个独立的“构件”根据自己的想象组合成一个个成品，可能是汽车，可能是房子，可能是火车，还可能是孩子心目中的、各种大人意想不到的东西。在这个构建过程中，孩子调用了想象力、智慧、知识、动手技能等，享受了自己创造设计成品的乐趣。

我们从Lego玩具中获得的教育启示是，让学生参与或独立设计多媒体课件，会取得同样的功效。

笔者在十年的任务型团队式多媒体英语教学实践中欣喜地看到自己的学生把一篇篇课文、一个个生词、一个个主题，通过ppt、flash、iebook、VCR等生动活泼的形式演绎得多姿多彩，真的具有Lego的魅力和效果！

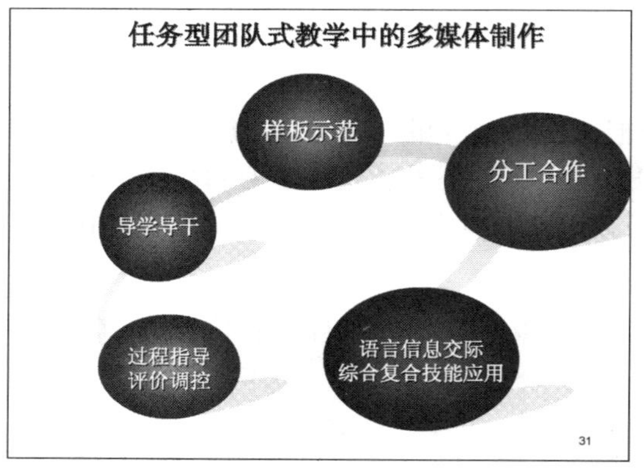

提点：要让学生做，一定要有充分的指导、引导和评价，不是放鸭子由学生胡乱做。

观点分享

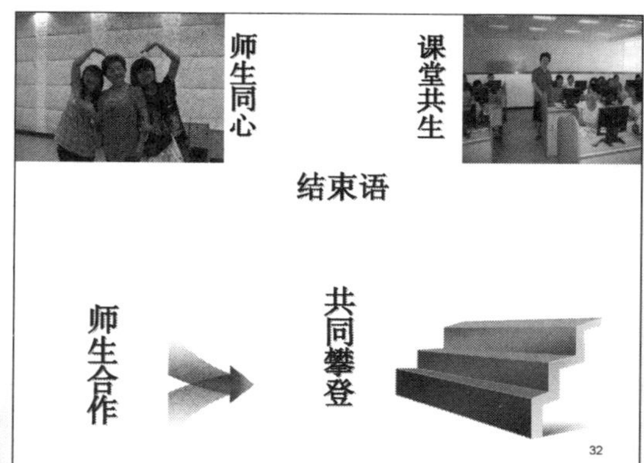

提点：本章结束语还是强调师生同心、课堂共生、师生合作、共同攀登。教师的青春活力来自学生，但前提是要与学生分享讲台和课堂，携手努力，共创成果。

幻灯片 31

观点分享 笔者的亲身实践发现，90后学生在设计制作多媒体课件时，出现把严肃的课题玩乐化的现象。这时教师需要晓之以理，说服引导，把自己对人生态度、价值取向、社会经验揉入其中进行素质教育。也可以把前几届学生的优秀作品作为示范，起到鼓舞和激励学生的作用。

幻灯片 32–34

（请把你的观点写在这里。）

第九章 教师行动学习法推介与实施

模拟提问：

我们在岗教师的业务进修一贯强调理论学习，这里提出的“行动学习”很新鲜，究竟与理论学习有什么区别？这种学习对教师发展有什么意义呢？

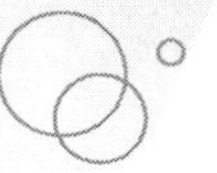

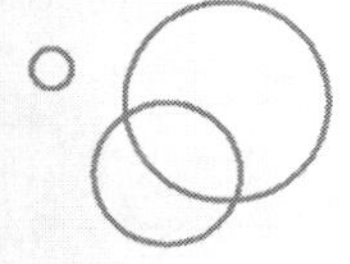

Teacher's Action Learning

A cooperative/reflective teacher training program 教师行动学习工作坊

夏纪梅 中山大学

教育部人事司认证教师培训师

中国外语研究会教师教育与发展专业委员会副会长 flsxjm@hotmail.com

1

提点：外语教师对“行动研究法”(action research)可能比较了解，中小学老师应用也比较多。这里推介的是“行动学习法”(action learning)。请读者先预测构思一下，“行动学习”和“行动研究”有什么异同？教师为什么要“行动学习”？

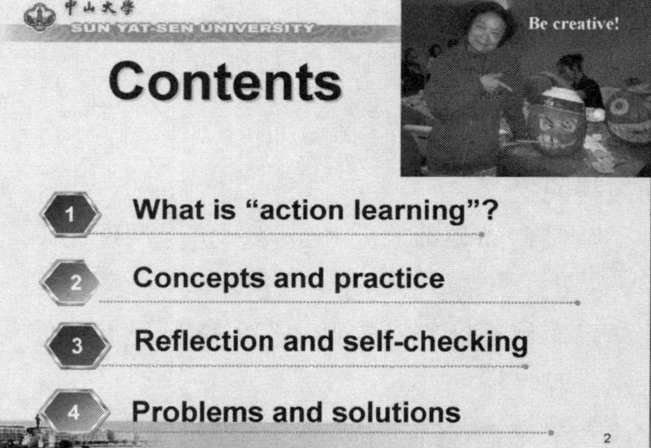

提点：本章内容首先介绍“行动学习”的定义、理念支撑和实施，然后集中实践其中的几个主要环节，例如：“反思自检”、“难题应对”以及相应的教学研究。

中山大学 SUN YAT-SEN UNIVERSITY

行动学习的目的意义

1 理论结合实际，知行结合的在职学习途径
2 对已有的经历进行反思、总结、研究、提升的发展过程（故与“行动研究”相结合）
3 增强新时期的适应力、革新力、创造力、学习力、发展力、执行力、行为改变能力与绩效提升力（故与教学难题和研究课题相结合）

行动学习的方法过程

1 **主攻方向：**以职业经历过程遇到的问题难点挑战为主题
2 **学习程序：**全程参与提出问题、反思问题、分析问题、研讨问题、归纳问题、解决问题等多种形式的活动

3

提点：我们无论做什么，特别是新生事物，做之前最好先问3个Wh-questions (why, what, how)，即“行动学习”的目的、意义和方法过程。

观点分享 →

幻灯片 1

（请把你的观点写在这里。）

____

____

____

____

____

幻灯片 2

（请把你的观点写在这里。）

____

____

____

____

幻灯片 3

观点分享 这是教师在岗在职培训的一种有效形式。我们对外语教学理论已经学过不少，但如何与实践相结合？ 我们在岗教学已经有了一些经历，但如何及时反思总结？我们面对新时期新形势新要求，如何增强适应力、革新力、创造力、学习力、发展力、执行力？ 我们的教师培训习惯了听讲座记笔记，如何保证全程参与；提出问题、反思问题、分析问题、研讨问题、归纳问题从而解决问题。相信一线教师在教学改革创新过程中一定有诸多实际问题有待解决。

中山大學
SUN YAT-SEN UNIVERSITY

行动学习的实施流程

1 **启动仪式**：行动口号，学习使命，行动学习目的意义/方法过程/活动形式，行动学习导师与受训者相互介绍

2 **提案阶段**：提出问题、难点、疑点、争议点、关注点

3 **梳理分类阶段**：

- 教学类：观念问题、技能问题、学生问题、教师自身问题、外部环境条件问题、关系问题等
- 研究类：选题、案例、方法等

4

中山大學
SUN YAT-SEN UNIVERSITY

行动学习的实施流程

4 **大脑风暴集思广益阶段**：分组、选题、研讨、笔记、选代表准备总结汇报陈述

形式建议：

A 自问和互问：我/你是怎样学习/教学/研究/与人相处/应对变化/处理难题/分配时间等；

B 追问或辩论：碰撞思想/智慧火花，记录相同观点、不同观点、相反观点，而后整合、出新、取优、累加；

C 梳理分析：提出的属于什么问题，希望从中解决什么问题，希望从中获得什么利益，要达到利益目标有什么途径、方法、策略；

注意事项：避免讨论偏离主题、怨天尤人、牢骚满腹、提出问题就结束、情绪发泄；倡导目标紧紧围绕共性问题与解决办法，多问为什么，多想怎么办，重在分析导致现象的因果关系、背后/深层原因，给出论证证据，分析难易度，提出出路

5

中山大學
SUN YAT-SEN UNIVERSITY

行动学习的实施流程

5 **模拟角色体验阶段**：小组内角色自选扮演、常见尴尬，情景模拟，体验角色、发现问题、换位思维(挂牌/戴帽标志身份)

6 **反思自检阶段**：

- **发现问题**：状态、空白、缺失、误区、表现形式、轻重缓急
- **相关因素**：主观、客观、内因、外因、对象、自身、环境
- **归咎原因**：理念、方法、投入、缺失、变化、行动

6

中山大學
SUN YAT-SEN UNIVERSITY

行动学习的实施流程

7 **分享交流阶段**：各组代表汇报陈述4-5-6阶段，归纳结果（口述+电脑呈现，大挂纸/板书呈现，鼓励图示，鼓励即场修改，当事人和其他人上场修改增删）；对最重要最关键最紧急的问题排序，然后分析、感悟、提出解决措施；

8 **总结评价阶段**：导师即场归纳点评，对各组表现进行评比，各组相互评比，全场问答互动

9 **解决方案阶段**：共同形成解决方案，对共性问题应对策略达成共识

10 **个性化执行计划制定阶段**：个人制定未来自己个性化学习发展规划和执行计划 (教学计划/创新行动，研究课题，读书计划、进修计划)

7

提点：这里提出了"行动学习"的全程步骤。

观点分享

中山大學
SUN YAT-SEN UNIVERSITY

行动学习
理念与行动口号

业精于勤而成于行，心动不如行动，激动而不行动当无所成就，行动而无所知悟则不成大业。

知与行：知必行，行中知

道与术：有道有术，术随道走，道在术中，有道无术，道成空也，有术无道，术乃小技。

8

中山大學
SUN YAT-SEN UNIVERSITY

Action learning 行动学习法
六合体

9

提点："行动学习"要有理念指导。所谓行动口号，关键在于"行"之有"道"、有"术"、有"业"。

提点：这个"六合体"更明确了行动学习的效益所在。

幻灯片 4–7

观点分享 整个活动流程中，提出问题是第一步。分类梳理是为了明确问题的针对性。集思广益是同事互助的过程。模拟角色是为了换位思维、体验矛盾、发现问题症结。反思、质疑、分析阶段尤为重要，但不能成为怨天尤人的过程或“倒苦水、撒怨气”的场所，关键要有利于问题的解决。分享交流是合作学习的最佳途径。一个教师的智慧不如集体的智慧。当大家都有共同的困惑和难题时，总会有人先知先觉，各有奇招。同行同事利用机会交谈、共建、互助，这和现代教育关于师生关系、认知理论、学习理论的理念是一致的。培训导师或团队中有经验的骨干教师即场归纳点评，有利于归纳强化共识，形成解决方案。最后，每个人制定未来自己个性化学习发展规划和执行计划。这十个环节是以问题为导向的“问题链”的重要组成部分。

幻灯片 8

（请把你的观点写在这里。）

幻灯片 9

（请把你的观点写在这里。）

中山大学
SUN YAT-SEN UNIVERSITY

行动学习法理论依据

理论原创人	行动学习理论
John Dewey 世界权威教育家杜威 中国著名教育家陶行知 美国哈佛大学 国际外语界 国际教育界 David A. Kolb	学校即社会，实践出真知 Learning by doing "行知"，行中知 PBL problem-based learning TBL task-based learning, communicate to learn IBL inquiry learning action research 经验学习循环

10

观点分享 →

提点：通过以上推介的"行动学习"，从中开展"行动研究"，不能不说它们是最佳"拍档"。即两种行动都离不开制定目标和计划，都有努力方向、实施行动、解决问题、反思总结、修订计划这些基本环节。

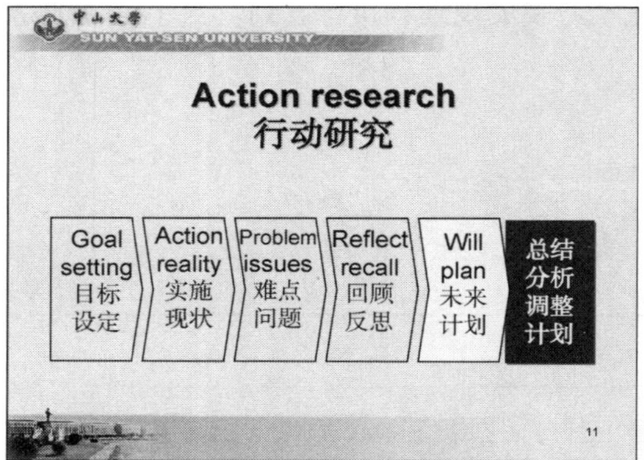

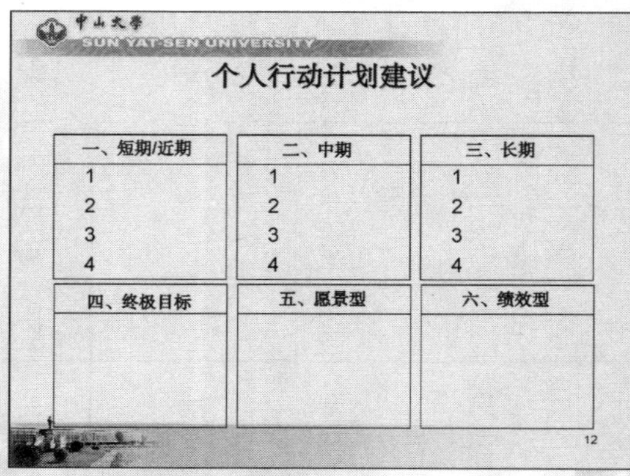

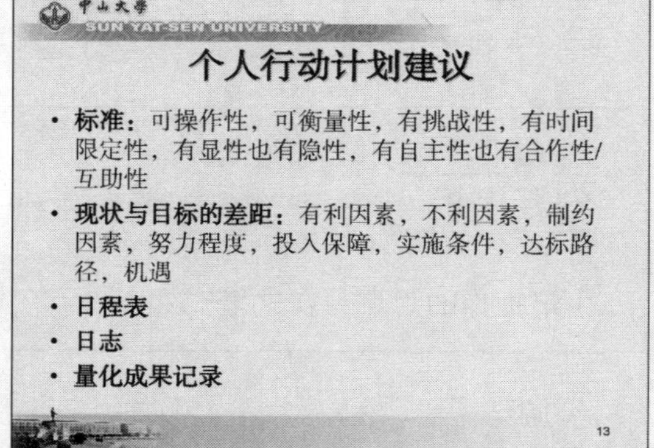

提点：行动计划一定要具体，目标分为近期、中期、长期、终极。业绩可以分为愿景与绩效。

观点分享 →

幻灯片 10

观点分享 行动学习法的理论依据有20世纪上半叶著名教育家杜威提出的“学校即社会”的理论。国内著名教育家陶行知对此理论理解深刻，身体力行，倡导“行中知”。上个世纪末，发达国家又提出“难题教学法”和“任务教学法”以及“外语交际教学法”，本世纪提出了“探究式教学法”。David A. Kolb在商界培训推崇“经验循环法”。这些都值得我们借鉴和应用到教师的岗上发展、教学中去。

幻灯片 11

（请把你的观点写在这里。）

幻灯片 12–13

观点分享 例如，近期可以是一个学期的行动与目标，要求自己研读一个行内核心期刊的年度合订本，选定研究方向，中期可以申请到某专家门下做访问学者，长期可以考虑在职攻读高级学位，终极目标是做一位受学生欢迎的、富有成就感的教师。愿景是一种对美好未来的憧憬、梦想，这对人生奋斗很重要。绩效指的是每个学期、每个学年、每个行动的显性和隐性收获。其实，隐性收获有时比显性收获更有意义。人生财富往往是隐性的、内心世界的，是体验和积淀而来的。

中山大學
SUN YAT-SEN UNIVERSITY

行动学习开始：重温教育语录

批判性颠覆式重新定义

- **教师给学生一杯水，自己要有一桶水(?)**
- **知识就是力量(?)**
- **教师要对学生的学习负责(?)**
- **教师教，学生学(?)**

深层理解：教与学

- 授人以鱼不如授人以渔。
- 灌输传授现成的知识其实是很低级的教学活动。
- 不追求更新、更好、更有效的教学是教师的一种慢性自杀，自我毁灭。
- 外语教学是科学，也是技术，更是艺术。
- 语言不是教会的，而是学会的。
- 优质的教学来自优质的学习。
- 学外语的人是“学生”，不是“学者”。

14

观点分享

提点：行动学习开始。让我们首先重温一些教育语录。有些是已经过时了，需要颠覆或更新；有的是需要结合我们的教学实践进行深层次理解。

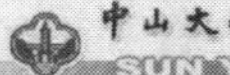

教育/外语教育论述: What is “learning”?

- Tell me and I forget, teach me and I remember, **involve me and I learn**. (Benjamin Franklin)
- Learning is involved when **thinking abilities/ human minds** are **engaged/challenged.**
- Learning is enhanced by **real experience**.
- **The true test** of intelligence is not how much we know how to do, but **how we behave when we don’t know what to do**. (John Holt)

15

观点分享

提点：以下几页提供的是耐人寻味的教育语录。首先，“什么是学习”？

幻灯片 14

观点分享 例如，“教师给学生一杯水，自己要有一桶水”，这种说法已经过时。教师的一桶水是死水，远远不够用。教师要成为一条江河，做到“流水不腐，户枢不蠹”。江河后浪推前浪，教师要荡涤陈腐，勇往直前。

又如，“知识就是力量”，这个口号含义也不准确。知识本身没有力量，能够应用知识和创新知识才有力量。

“教师要对学生的学习负责”听起来没有错，但依据现代教育理念，应该更新修改为“教师要让学生自己对学习负责”。

“教师教，学生学”也是一个似是而非的说法。真正的现代教育观和师生关系应该是“教师，教学生学”。

对“语言不是教会的，而是学会的”这句话理解要深刻。我们当老师的不要以为自己教过了学生就多多少少学会了。“学会了”是什么概念？怎样教才能让学生学会呢？为什么许多大学生学过小学、中学、大学的英语课程、读过无数的教科书仍然不会应用英语交际？这能算学会了吗？

“优质的教学来自优质的学习”。这里的学习包括教师的学习和学生的学习。教师没有优质的学习哪里谈得上优质的教学，学生没有优质的学习便是低效甚至无效的学习。

学外语的人是“学生”不是“学者”。如果我们的教学和考试紧紧围绕语言的准确性、用法规则、语言系统知识，不经意中就错把学生当成了语言“学者”，注重对语言的分析、研究、比较，而忽略了语言的应用和交际，甚至出现应对很难的考题能得高分，但很简单的语言交流则困难重重的尴尬局面。

幻灯片 15

观点分享 真正的“学习”只有把学生的思想、情感、关注、常识等“卷入其中”才能产生。只有在人的思想受到挑战时，有了真实的“体验”，“学习”才会发生。真正的智力考试不是考核你懂得怎样做的知识有多少，而是考核你不知道怎样做时能够做出什么。可见，效度高的考试不是考核“已知”，而是检验应用“已知”来解决或探究“未知”的能力。

中山大學
SUN YAT-SEN UNIVERSITY

教育/外语教育论述: What is language learning?

- Language learning develops **integrated skills** including **learning skills and life skills** along with linguistic skills.
- Learning **beyond language learning**, learning by **doing**, learning by/through/in **using,** learning in **groups** can help command the language.
- Language learning is not only just learning for the language own sake, but **also exploring through the language** an interesting or important area of **human knowledge or experience**.
- Language learning is like **an enterprise** where people **earn** knowledge, skills, achievements and experience **for profits**. (Dubin, 1991)

16

提点：这里讨论的是"什么是语言学习"？

观点分享

中山大學
SUN YAT-SEN UNIVERSITY

教育/外语教育论述: teacher and teaching

- Nothing is worse than teaching that has **stagnated.** (John Field)
- **Practitioners** get out of ruts by reflecting on their **teaching** and asking serious questions about its impact upon the learner. What they **discover** may sometimes be painful and challenge deeply-held beliefs, but it leads to **renewal and change**. (ditto)
- Education is an admirable thing, but it is well to remember from time to time that **nothing that is worth knowing can be taught**. (Oscar Wilde)
- The greatest danger of traditional education is that learning may **remain purely verbal**. (Mirra Komarovsky)
- Make your teaching way as unique as your **fingerprint.** (Rosie Tanner and Catherine Green 1998)

17

提点：这里讨论的是"教师和教学"问题。

观点分享

中山大學
SUN YAT-SEN UNIVERSITY

教育/外语教育论述: What is "task-based learning"?

- Task-based learning is intended to get away from "**classroomese**".
- "**Task**" means all kinds of things in the workplace or in **the real world** that people have to **do, deal with, handle, sort out** with a language and its related **abilities.**
- Learn to communicate or **communicate to learn**?
- **Change** is the end result of all **true learning**. (Leo Buscaglia 2007)

18

提点：这里讨论的是"任务型"教学法。

观点分享

幻灯片 16

观点分享 语言学习是综合性技能的学习，它不仅是语言技能的学习，也包括学习技能和生活技能。所以，语言教学的内容和方法都要贴近学生的实际生活。语言学习要在群体内实践应用，所以，独自一人“关门背诵”、“面壁练说”的语言学习方法是低效的。语言学习不是只为掌握语言本身，而是通过语言学习探究人类重要和有趣的知识领域或经历。“语言学习像企业行为”，意思是要通过“言”为“行事”挣得知识、技能、业绩，从中获得利益。

幻灯片 17

观点分享 没有什么比“停滞不前”的教学更糟糕了。教师照本宣科、复制自我，教学就没有生命力。教育者要不断地反思自己的教学，自问自己的教学对学生造成了何种影响。在反思中他们会发现自己挑战了原本根深蒂固的教育信念，尽管很痛苦，但却引领出更新和变革。尽管教育是很有价值的事业，但别忘了那些值得懂的事情并不是教会的，而是靠实践感悟才能领会的。因此，任务型教学法就是给学生实践感悟的过程。传统教育最危险之处在于把学习停留在口头上而没有付诸于行动。可见，学习绝不是“背书”行为。教师要形成自己独特的教学风格，就像自己的指纹那样独一无二。当老师要做出精彩，就在于一个“特色”品牌。

幻灯片 18

观点分享 “任务型”教学目的在于把学生领出课堂，不让他们成为“课堂人”。“任务型”教学中的“任务”不是一般教学意义的练习或活动，而是指真实社会、职场工作的人们必须运用语言处理的各种事情以及相应的能力。是learn to communicate还是communicate to learn，这是外语“交际法”和“传统法”的分水岭。后者强调建立真实的交际目的、情景、人际关系和场所，并以此为平台和契机进行语言学习，才能达到语言是在交际中学会的目的。“真正的学习”最终结果是要有“变化”: 从不懂到懂，从不会到会，从没经历到有体验，从无效教学到有效教学。

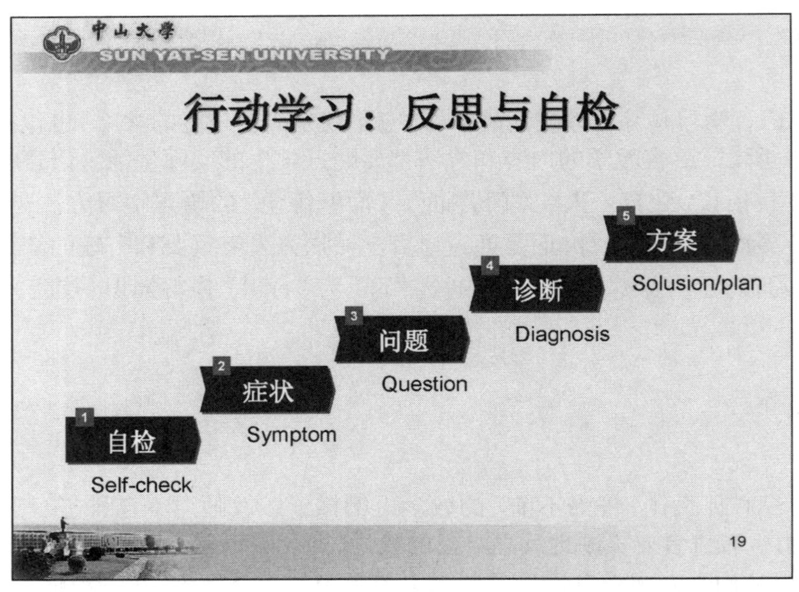

观点分享

提点：以下，我们从行动学习的重要一步“反思自检”开始探讨如何开展“行动学习”。

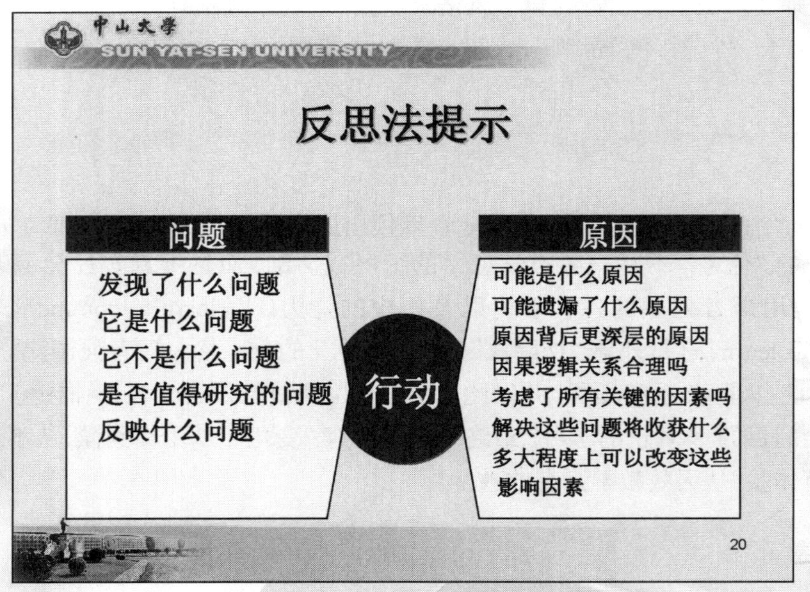

观点分享

幻灯片 19

观点分享 自查自检往往自己做不来，最好在培训师的引导下做。例如，一分钟不假思索地自检从教价值观、教学中的兴奋点等方面。症状和问题最好尽量理性地寻找最具共性、时代性、阶段性、代表性的，不要情绪化。诊断时常常会“当局者迷”，所以教师之间要互助。教师互助一方面不要有“看笑话”的心态，也不要“自以为是”或“过分依赖”，而是敞开心扉，广泛听取各种建议或解决办法，结合自己的实际采纳有益的意见。最后，自己制定切合实际的行动方案。

幻灯片 20

观点分享 经常反思自己的教学和职业发展过程中出现了什么问题。例如：不受学生欢迎，有职业困倦感，找不到科研课题，写的论文无处发表等。对出现的问题要追究它“是什么问题”或者它“不是什么问题”。例如，不受学生欢迎是自己的教学观念陈旧落伍成为行为障碍问题，还是教育技术或课堂技能缺乏现代元素问题；论文不被接受发表是写作规范问题还是研究水平问题；职业困倦感是家庭与事业难以平衡所致还是需要寻找新的刺激问题。这些问题是否值得研究，反映什么问题？是内因还是外因？是能够努力解决的还是不以主观意志为转移的？是阶段性必然发生的还是个别原因所导致的？

对“可能的原因”自己有时难以找到，需要向同事倾诉，听取他人的分析。特别是可能遗漏的原因以及原因背后更深层的原因，作为同单位同环境的同事，可能比较了解情况，容易对症 ，但对问题的追究千万不能变成声讨领导、投诉校方管理、推卸外部责任的结局。因为这样做无益于解决问题，可能使问题变得更复杂，让人心情更郁闷。所以，无论自己还是别人的分析，都要围绕因果逻辑关系。例如，有的老师一味怨天尤人，怪东怪西就是不怪自己。对同单位干得比较得心应手、业绩显著的同事不服气，好像全世界就属自己倒霉。其实，同在一个单位，条件和环境都是差不多的，能够胜出的人一定有不为人知的付出，而我们往往只看到他们成功收获的那一刻。相反，有的所谓不那么成功的、没有达到理想追求目标的人，仔细分析会发现这些人另有聪明之处和收获所得，只是在教学和科研乃至职称上没有足够的投入罢了。所以，是否冷静理性地考虑了存在问题所有关键的因素很重要。此外，还要考虑真要解决这些问题将付出什么努力和期望收获什么，以及这些努力在多大程度上可以改变那些影响因素。

中山大学
SUN YAT-SEN UNIVERSITY

反思与自检

- **身份**：既是**教育者**又是**学习者**也是**研究者**的反思。反思什么？
- **反思**：理念、信念、观念、态度、意识、方法、行为、行动、知识、技能、必须、欠缺、需求、发展、困难、阻力、动力等
- **自问**：标准变了没有？什么变化？学生变了没有？什么变化？为什么变？自己变了没有？什么变化？为什么不变/变？观念和方法变了没有？什么变化？为什么没变/变？有哪些困难，怎么办？

21

提点：反思与自检很重要一条要以三重身份进行。反思越全面越好,越细越好。

中山大学
SUN YAT-SEN UNIVERSITY

逻辑归纳法举示

- 归纳法，排除法，选择法，排序法，因果法
- 问题法：提出/假设问题 → 梳理分析问题→ 反驳争论问题 ⟶ 解决问题
- **图示样板**：阳光四射式 (sun ray)，鱼骨刺型式(fish、bone)，树干树枝式 (tree)，饼形划分式 (pie)， 等级划分式 (hierarchy)，循环链条式 (cycling)，台阶提升式 (step-up/ladder)，分栏式 (column)，图表式(table), 条形式(bar chart),直线式(linear) 等

22

观点分享 →

提点：梳理问题需要理性,理性往往指的是逻辑性,归纳分类,层层剥离。这里提供的图式分析归纳梳理法,比较容易把问题的前因后果展现出来。

幻灯片 21

（请把你的观点写在这里。）

幻灯片 22

观点分享 例如，“职称上不去”问题，可以采用“阳光四射图”，看看自己缺什么，哪一项弱。

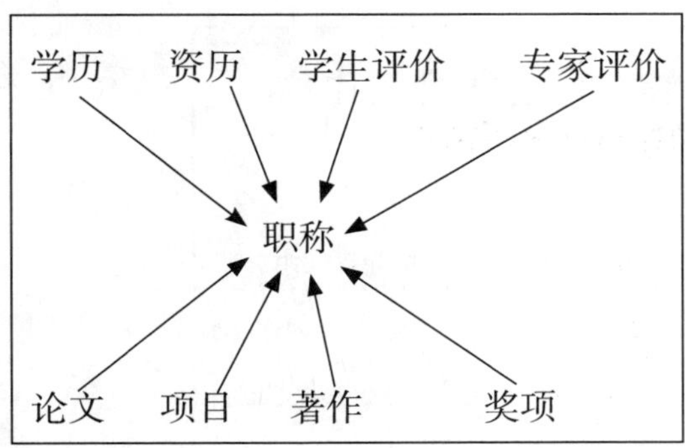

又如，“学生评价低分”问题，可以采用“鱼骨刺型”图，看看自己问题出在哪里。

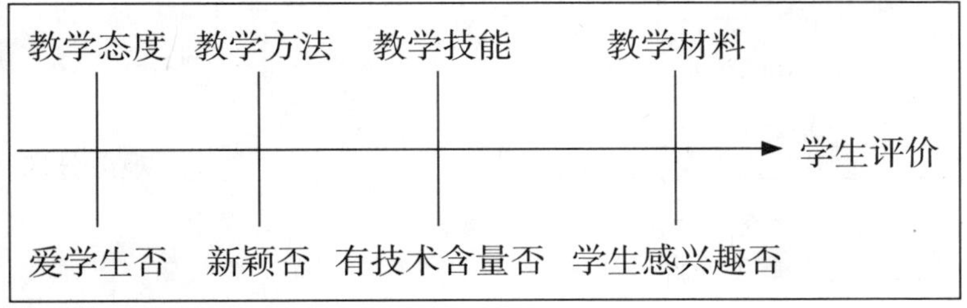

一、开放式问答	二、选择性回答	三、饼形图
1 2 3 4	1 2 3 4	1 2 3 4

四、角色体验	五、同行互助	六、收获感悟
A 教师 B 学生 C 领导 D 观察评论员	1 倾诉 2 故事 3 建议	1 2 3 4

提点：请读者按照要求准备两个笔记本。

观点分享

提点：逐一进行自我检查或评价，回答问题或选择答案。写得出来或写不出来都能从某方面反映出问题。

幻灯片 23–24

观点分享 有的受训教师在“自我评价”和“学生评价”两项中信息的明显不一致或完全一致或空白，这三种情况都反映信度不够。“不一致”说明教师对自己的了解和学生对自己的了解有差别，需要进一步自我认知；“完全一致”有可能是教师自己以为的状况；对“学生评价”留空白的说明自己全然不了解。

在按照职业生涯的重要性排序时，不少老师没有把“学生”摆在首位，这说明这样的教师在职业价值观方面有问题。道理其实很简单，没有学生就没有教师，没有学生就没有教学岗位。没有学生观念的教师怎么能把学生教好？怎么可能把教学搞好？

在自检外语教学原则/理念/信念和有利于教学效果的关键词时，不少老师没有写出什么，或者写出的文不对题，说明他们头脑中对此一片空白或者混乱不堪。

用一句话反映外语教师的职业现状时，大量负面的、消极的、悲哀的词句出现，说明不少老师的教学很不快乐。不快乐的老师怎么能教得出快乐的学生呢？

对外语教学职业发展最需要、最缺乏、最享受、最难受的事情，多数老师都写的是“学生的理解和喜爱与否”，说明老师的生活质量、心理追求、教学职业都与学生休戚相关。

遗憾的是，当自检对外语教学最想研究什么时，却没有多少教师提到“研究学生”。

中山大學 SUN YAT-SEN UNIVERSITY

行动学习工作坊
Action learning workshop 2

Reflective activities

二、选择性反思

1 你认为你在职业发展问题上处于什么阶段：（可多选）

A 摸索期 B 困惑期 C 掏空期 D 发展期

E 成就期 F 其他自定（例如：挣扎期，矛盾期、瞎教期、厌倦期、焦虑期、腻烦期、虚荣期、虚度期、混世期）

2 你认为你属于哪一类型的教师：（可多选）

A 新手型 B 熟手型 C 经验型 D 演讲型
E 说教型 F 导演型 G 表演型 H 学者型
I 专家型

3 你认为你比较适合应用哪种研究方法：（单选）

A 质化（叙事、评论）

B 量化（实验、数据） C 量化+质化

4 你认为你比较善于应用哪些质化研究方法（以上选择质化研究并有研究成果者选答）：（单选）

A 经验性总结 B 理论阐述 C 教育叙事研究 D 案例分析 E 行动研究

5 你认为你只能写以下文章：（可多选）

A 文献综述（检索、归纳、评议）

B 读书报告 C 书评 D 翻译 E 编译

25

提点：这是希望帮助老师通过选择性反思，了解自己的职业发展阶段和教师类型、研究方法类别和写作能力。

中山大學 SUN YAT-SEN UNIVERSITY

行动学习工作坊
Action learning workshop 3

动力与动力源

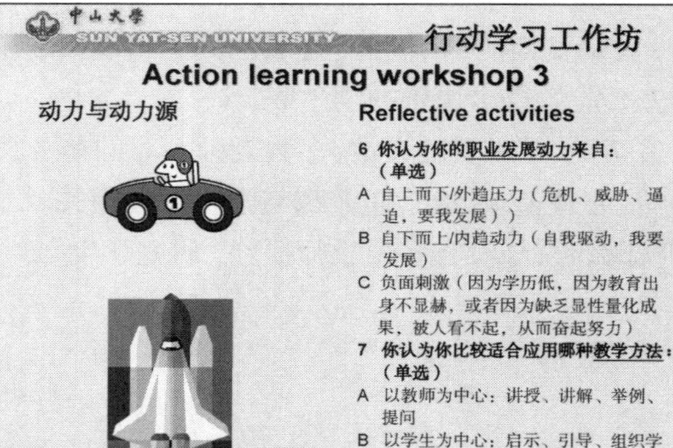

Reflective activities

6 你认为你的职业发展动力来自：（单选）

A 自上而下/外趋压力（危机、威胁、逼迫，要我发展））

B 自下而上/内趋动力（自我驱动，我要发展）

C 负面刺激（因为学历低，因为教育出身不显赫，或者因为缺乏显性量化成果，被人看不起，从而奋起努力）

7 你认为你比较适合应用哪种教学方法：（单选）

A 以教师为中心：讲授、讲解、举例、提问

B 以学生为中心：启示、引导、组织学生活动

26

观点分享

中山大學 SUN YAT-SEN UNIVERSITY

行动学习工作坊
Action learning workshop 4

Graphic description

1 画一个空心圆，从中分配你认为外语教学目标与内容的百分比。

2 画一个空心圆，从中分配你认为外语教师必须有的素质要求的百分比。

（到此告一段落，请上交第一个笔记本）

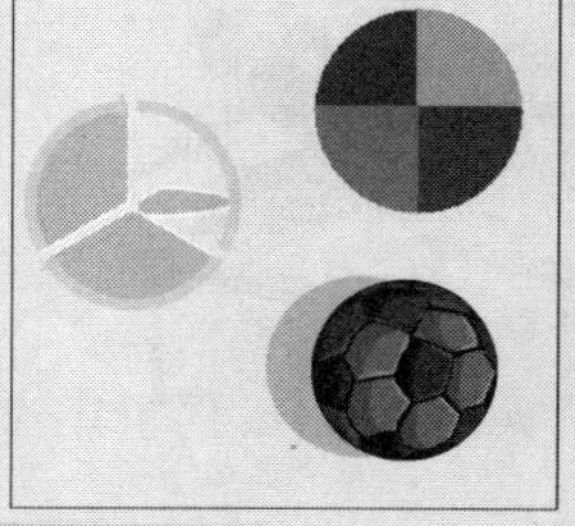

27

提点：画这两个百分比分布圆图可以反映教师对“外语教学目标与内容”和“外语教师素质要求”这两个问题的认识。这是检查教师对新时期《课程标准》和《教学要求》的学习状况的一种形式。

幻灯片 25

（请把你的观点写在这里。）

幻灯片 26

观点分享 有意思的是，在反思自检自己的职业发展动力来源时，为普通教师开办的培训班上大多数选择“自上而下/外趋压力”，即来自危机、威胁、逼迫，要我发展。在为骨干教师培训时，多数教师则选择“自下而上/内趋动力”，即自我驱动，我要发展。至于“负面刺激”，即因为学历低，因为教育出身不显赫，或者因为缺乏显性量化成果，被人看不起，从而奋起努力，这项很少有人选择。这是不是因为外语教师很少被人看不起的缘故呢？

幻灯片 27

（请把你的观点写在这里。）

提点： 这里设计的教师反思自检和互帮互助活动，可以在教师培训师的指导下进行。

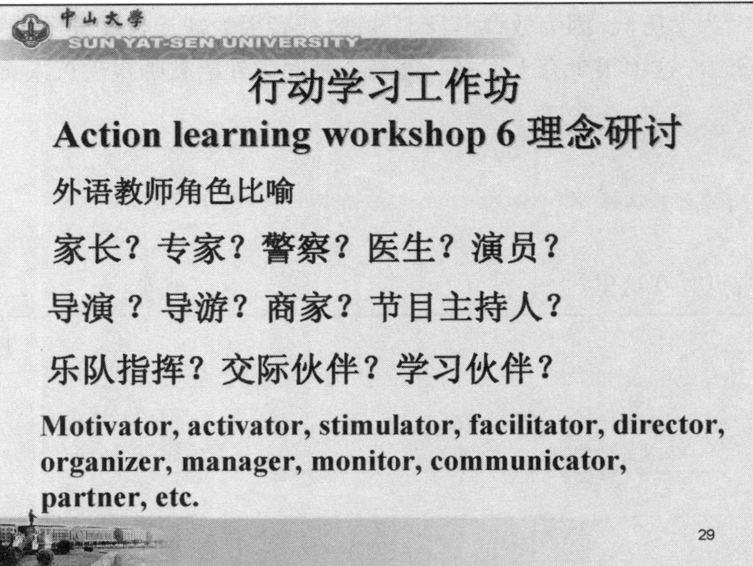

观点分享 →

提点： 这里提供的“外语教师角色比喻”都打了问号。请各自思考哪些是被反对的，哪些是被提倡的，为什么？

幻灯片 28

（请把你的观点写在这里。）

幻灯片 29

观点分享 外语教师的教学角色像“家长”的话，意味着“管教”；像“专家”的话，意味着“居高临下”；像“警察”的话，意味着把学生当“违法分子”；像“医生”的话，意味着把学生当“病人”；像“演员”的话，意味着教师自己要演出。

笔者认为，这些角色都不恰当，但不少教师却不自觉地当上了，甚至认为没有错。按照他们的理论，学生就是要纪律约束，要服从教师权威，要有错必纠，要逢语病必治，教师要演出精彩。笔者却认为，真正优秀的老师，不是靠管制，不是靠权威，不是靠治理，不是靠自己演出。以下角色则是被提倡的：

当“导演”比当“演员”高明！教师不是自己把英语讲得很溜说得很好就行了，而是要把学生教会了。所以，就像名导能让新演员演出水平才叫本事。

导游的责任是把游客带到一个景点，稍微介绍之后让游客自己去观察欣赏领悟。外语教学何尝不是如此？教师不能代替学生去体验和领悟，要学会恰到好处地作介绍与点拨，然后放手让学生自己去进行深入观赏和追求个性化的需求。

商家是卖货的，一定要动脑筋让买家产生购买欲和购买行动。教师则要有本事让学生想学、要学、学到手。

节目主持人在演员演出前报幕介绍，演出中承上启下，演出后评论致谢。教师如果主持课程而不是主讲课程，那么他与节目主持人的角色是相似的。

乐队指挥负责把不同音阶、音色、声部、乐器组合成优美动听和谐的交响乐。教师也需要把不同学生的学习组合成学习团队。

现代外语教学理念强调教师和学生要成为交际伙伴和学习伙伴，这个道理本书已经在许多章节作过阐述。

归纳起来，现代外语界提倡外语教师的角色是motivator、activator、stimulator、facilitator、director、organizer、manager、monitor、communicator、partner等等。

中山大學
SUN YAT-SEN UNIVERSITY

Action learning workshop 7

诱发思考性/反思性/自检性活动

1 数数　2 点和线　3 提问

4 倾诉　5 限时检测　6 探索研究

7 限时归纳　8 画圆填充　9 猜词解意

10 经验/故事分享

11 学生学习档案

12 教师教学观摩

30

提点: 这里提供笔者设计的一些“诱发自检反思”活动,目的在于让参与者从中发现问题。

中山大學
SUN YAT-SEN UNIVERSITY

1 数数：1–30

2 点和线：

```
o  o  o
  o  o  o
  o  o  o
```

3 提问：教学/研究/关系/职业/生存/问题

4 倾诉：教学中最害怕、最兴奋、最不想做、最想做的是什么？

31

观点分享

中山大學
SUN YAT-SEN UNIVERSITY

Peer learning/helping clinic

I cannot/ I have difficulty in/I don’t know how to/I don’t know why …

A：我很难/不善于/不知为什么（教，做，发生……）

B：找原因

C：提问题

D：提供解决方案，多项选择

全体交流分享

32

提点: 这是做相互倾诉和互帮互助的一种形式,四人一组,各有角色分工和智慧贡献,最后与全体分享结果。

观点分享

幻灯片 30

（请把你的观点写在这里。）

幻灯片 31

观点分享 1-30的数数活动目的在于使参与者体验“自然归纳法”，即在没有事前交待规律的情况下让参与者自己归纳出规律来，这种教学方法被称为induction。连线串点的活动目的在于让参与者充分应用各种可能的办法达到全部连成直线的目的，但事实上是做不到的。这个过程是激发想象力和解决问题的创造力。相互提问活动可以引导参与者思考自己提出的是什么问题，是学术性的问题还是职业性的问题，是观念问题还是技能问题等等。

幻灯片 32

观点分享 做这种活动最有趣的是，有的人把最棘手难办的问题提了出来，看看其他教师有什么招数应对。虽然好像有难倒对方的企图，但也不失为摆出问题，达到集体会诊的效果。

中山大学
SUN YAT-SEN UNIVERSITY

5 限时检测：外语教学基本原则 (principles)

6 探索研究：基于课堂/针对学生/教师发展的科研课题
(classroom-based micro-research topic areas)

7 限时归纳：教学刺激物/输入物/引发物
(prompt, input, stimuli, thought-provoking stuff)

33

提点：注意写出的内容要对题。

观点分享

中山大学
SUN YAT-SEN UNIVERSITY

5 限时检测：外语教学基本原则 (principles)
Motivating, stimulating, activating, facilitating, enabling
Encouragement, involvement, engagement, enjoyment

6 探索研究：基于课堂/针对学生/教师发展的科研课题
(classroom-based micro-research topic areas)
Teacher's narration/discourse/pragmatics/strategies/identity …
Learner's cases/feedback/performance/changes …
Classroom's events, insidents, activity organization …

7 限时归纳：教学刺激物/输入物/引发物
(prompt, input, stimuli, thought-provoking stuff)
课文、对话、电视、电影、歌曲、照片、图片、数据、
图表、实物、议题、问题等

34

提点：这里给出了参考答案。

中山大学
SUN YAT-SEN UNIVERSITY

8 画圆1：外语教师的基本要素

外语教师

35

提点：将"外语教师的基本要素"画圆，标出元素，可以有多种画法。这里是笔者的画法。注意写出的东西要有先后次序。

幻灯片 33

观点分享 在笔者做过的培训中，不少教师对EFL teaching principles不知何谓，写出的是skills、concepts和knowledge，所以这里提供了中文，但仍有一些老师不理解什么是“原则”。至于教学prompts，也有一些老师不知道指的是什么。

幻灯片 34

（请把你的观点写在这里。）

幻灯片 35

（请把你的观点写在这里。）

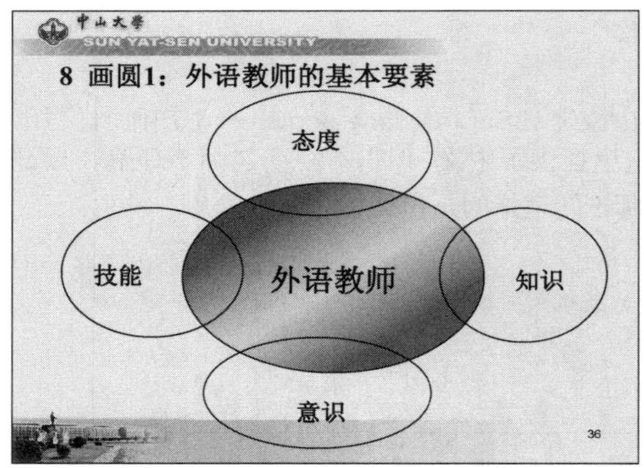

观点分享

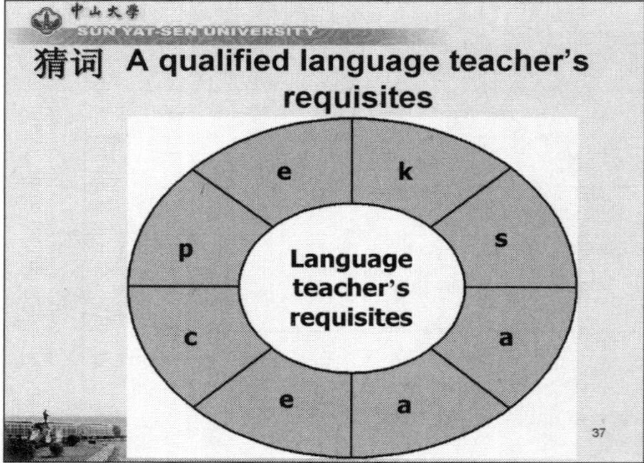

提点：在这个外语教师必备素质的圆圈里，注意各个字母所代表的词及其在教师教育中的含义。

中山大學
SUN YAT-SEN UNIVERSITY

A qualified language teacher's requisites

Knowledge: linguistics, culture, humanity, life studies

Skills: linguistic, communicating, teaching, designing, evaluating, organizing, managing, counselling, directing, learning, writing, researching, material compiling, etc.

Abilities: dealing-with/sorting-out/searching for/creating knowledge, keeping updated and upgraded/self-developed/autonomous learning, solving problems, handling relationship, etc.

38

观点分享

幻灯片 36

观点分享 在“外语教师的基本要素”中，能够写的元素很多。但归根结底，态度决定一切，爱教学、爱学生的人其教学态度一定富有激情和爱心。其次，教师从教要有基本的教育知识，还要能与时俱进，及时更新知识。有知识不等于有技能，要会教、能教、善教、教得好，这些在很大程度上是教学技能问题。最后，在教学和教师发展过程中，各种意识不可少，如现代意识、创新意识、挑战意识、改革意识、人才意识等等。

幻灯片 37

（请把你的观点写在这里。）

幻灯片 38

观点分享 笔者认为，教师的知识体系除了学科知识，特别是语言学科知识以外，还要有文化知识，包括母语文化和英语文化、以及人文通识文化、生活经验文化知识。在能力发展方面，凡是要求学生作为“社会人”去学习掌握的，教师必须首先作为“社会人”学习掌握以便示范、引领、指导、评价。这里提出的技能和能力都是“社会人”所应具备的。

中山大學
SUN YAT-SEN UNIVERSITY

A qualified language teacher's requisites

Attitude: responsible, love, passion, devoted, etc.

Experience: learning, teaching, communicating, academic, life, etc.

Character: optimistic, patient, active, open-minded, tolerant, considerate, humorous, etc.

Professional expertise: education, psychology, applied linguistics, L2 acquisition theory, cross-cultural communication studies, sociology, anthropology, management, liberal arts, etc.

Educational background: major/specialty, degrees, certificate, continuing education/further studies, etc.

39

提点：这里提出的与外语教学职业相关的专业知识比较广泛，都是外语教师发展所需要的交叉学科。

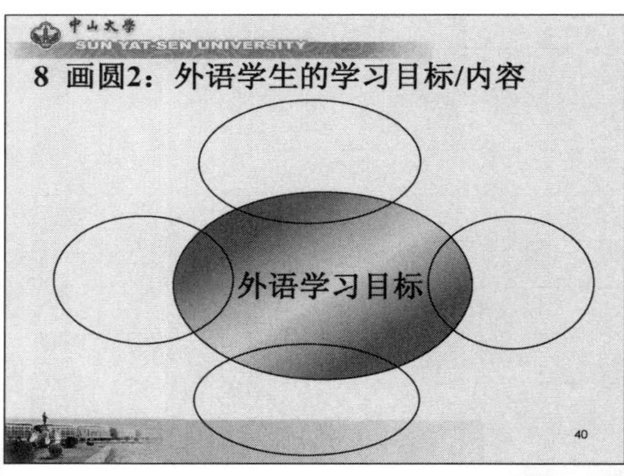

提点：以上是反思性讨论教师的素质，以下我们反思性讨论学生的人才培养目标。请按照重要性的先后填写。

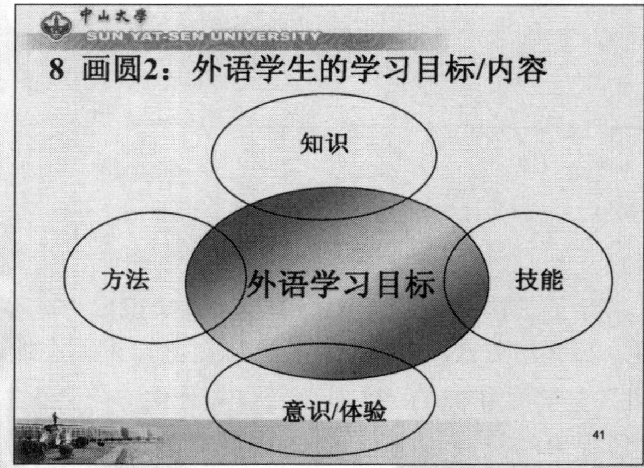

观点分享

幻灯片 39

（请把你的观点写在这里。）

幻灯片 40

（请把你的观点写在这里。）

幻灯片 41

观点分享 在“知识、技能、方法、意识/体验”这些要素中，应以学生学习阶段的不同有所区别。小学阶段新课标提出“技能”在“知识”前面，原因是学生的年龄特征需要先感知再理性。中学阶段应更注重基础知识和学习方法。但无论处于什么阶段，体验都是最重要的。

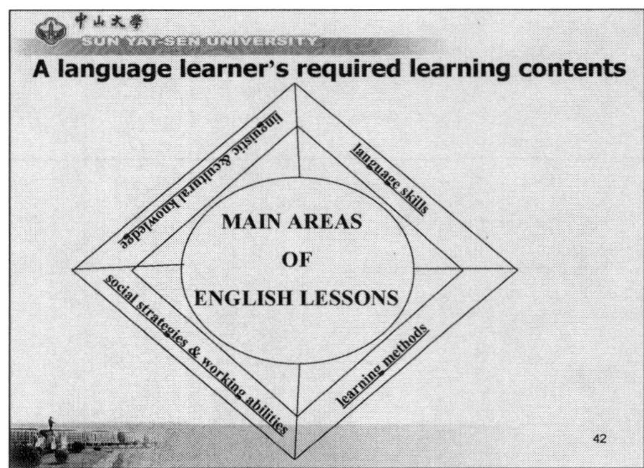

提点：这是学生应该学的基本内容领域。请读者先行将其具体化。

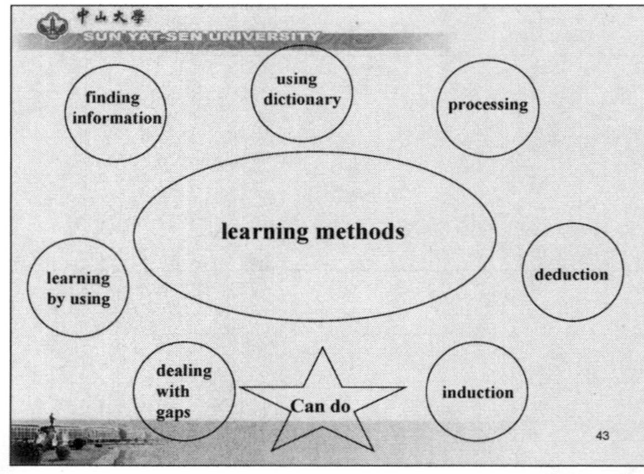

观点分享

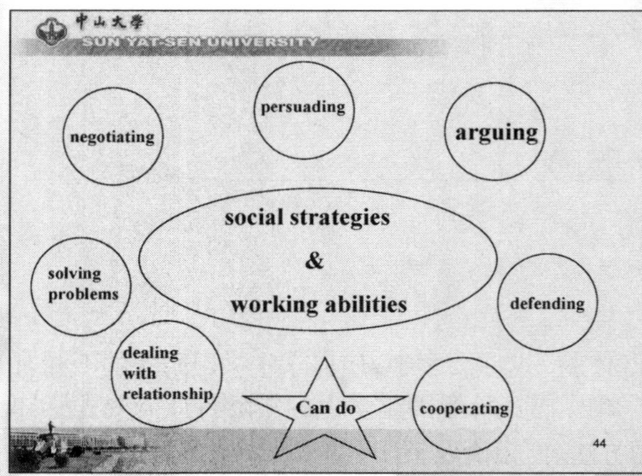

观点分享

幻灯片 42

（请把你的观点写在这里。）

幻灯片 43

观点分享 达尔文曾经说过“最有效的知识是关于方法的知识”。可见，培养学生的学习方法比什么都重要。就外语学习而言，培养学生“干中学”、“用中学”、“实践中学”、“体验式学习”，即自己搜寻信息、处理信息，利用词典，对知识进行归纳，而且掌握两种归纳法：deduction，先学规则再实践；induction，先实践再提取规则。另外，还有培养学生处理各种“差异”、“沟渠”的能力，例如：信息沟，观点沟，视角沟等，这些都是能力的问题而不仅仅是知识的问题。

幻灯片 44

观点分享 社会交往和职场工作能力也是学生外语学习的终极目标。应用语言进行谈判、说服、争论、辩解、处理关系或矛盾等，这些都是“社会人”、“职场人”必须具备的交际能力。这也是can 的问题而不仅仅是know的问题。

中山大學
SUN YAT-SEN UNIVERSITY

English learning periods and roles

Periods roles	Primary	Secondary	Tertiary	Online
Teacher				
Learner				
Setting				

Teacher's awareness

45

提点：对不同学习阶段和模式下的教师、学生、环境的变化、职责、角色、方法等进行反思。请读者试试能否填写适当的内容。

中山大學
SUN YAT-SEN UNIVERSITY

Classroom observation: checklist

- **Teacher:** roles, speech acts, organization, response
- **Students:** attention, participation, interaction, response
- **Classroom activities:** objectives, varieties, authenticity
- **Classroom atmosphere/contexts/situation:** live or dull, teacher-dominating or students-centered, bookish or real-world like
- **Teaching effectiveness**: stimulating, activating, engaging, involving, enabling, objective-achieved, teacher's satisfaction
- **Learning effectiveness:** real learning, communicative, doable, performance , students' satisfaction
- **General:** knowledge-based, skill-based, person-based, supportive concept, rationale beneath, approach/method

46

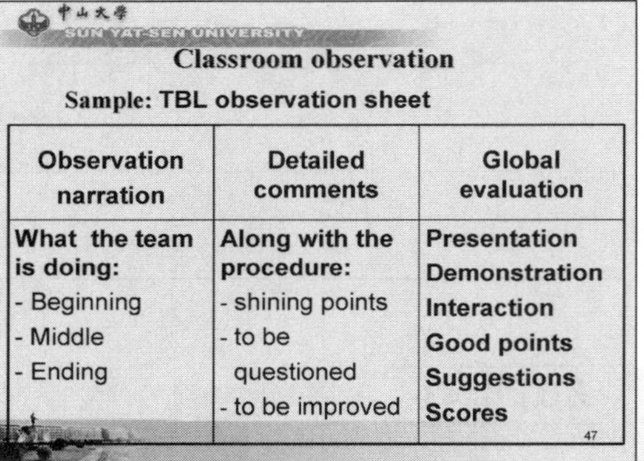

提点：课堂教学观摩是一种很有反思意义和功效的形式。这里提供的checklist就是观察点及其引发的思考，observation sheet是观摩笔记的模板。

观点分享

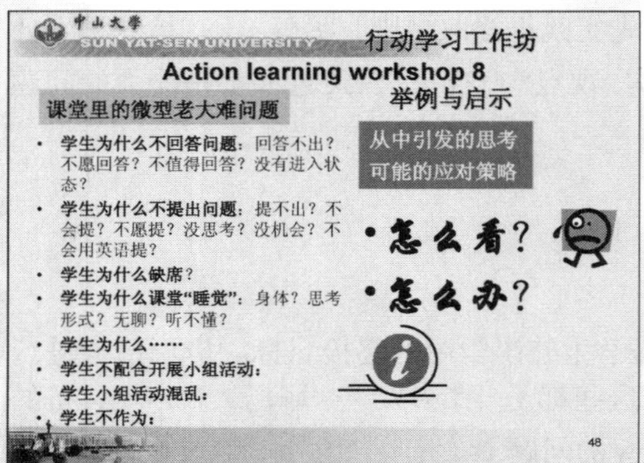

提点：这里开始提出课堂老大难问题，读者可以根据自己的实际情况提出更多的问题以及难点，积极考虑如何应对。

幻灯片 45

（请把你的观点写在这里。）

幻灯片 46–47

观点分享 有意思的是，在一些教师培训时，观察者和被观察者会形成完全不同的评价。被观察者自我感觉很好，观察者认为问题很多。这里有两个问题值得关注。一方面，中国“文人相轻”的文化传统容易导致“互相不服气”或者“互相挑毛病”，因此，观察者注重存在的问题。另一方面，被观察者可能“自我感觉良好”、“卖花赞花香”、“当局者迷”，所以，自我评价较高。这时，最好需要第三者或者培训师，一方面强调观察者要看优点，要有评价依据而不是仅凭个人主观臆想；另一方面要求被观察者欢迎评点，以求不断改进。还有一种情况也不少见，有的教师拒绝被观察，即使是优秀的骨干教师或富有经验的中年教师也不例外。这种状况原因很复杂。如果要开展教学观摩活动，最好还是征得被观摩教师的同意为前提。

幻灯片 48

（请把你的观点写在这里。）

中山大学
SUN YAT-SEN UNIVERSITY

Problems, issues and concerns

- **Classroom-based**
- **Student-involved**
- **Teacher-concerned**

What are they?

49

提点： 教师行动学习的另一个重要步骤是应对教学难点。这些难点与学生、教师、课堂紧密相关。作为有教学经历的在职教师，对外语教学的常见问题和课堂难题一定深有体会。请各自先回想并梳理出一些问题，再跟着工作坊一起开展相应的活动。

中山大学
SUN YAT-SEN UNIVERSITY

Problem-solving in concepts

- You (both teacher and students) must know that you have power to turn on the self agency. Never be passive in teaching and learning. (Eddie, Mac Gee, 2011)
- You need to solve problems, and you need to think at different levels, from where the problem exists. (Einstein, retold by Eddie Mac Gee, 2011)
- When teaching incidents happen, think what, when, where, who is involved, why is it so remarkable to you and why you think so. You realize what can be controlled and what cannot be controlled. (Donal Freeman, 2011, TESOL Symposium in China: sustainable teacher development by creation and innovation in teaching and research , pre-conference workshop: analyzing and rethinking classroom teaching)

50

提点： 我们先对基于课堂的教学问题所涉及的思想观念进行学习。

观点分享

中山大学
SUN YAT-SEN UNIVERSITY

Problem-solving in concepts

- **Three reasons to explain that teaching problem is largely a political one:**

1 Teaching is everyone's **business**.
2 Teaching is **common** work.
3 When you teach, you have to **manage** what **you don't control.**

(Donal Freeman, 2011)

51

提点： Donal Freeman于2011年TESOL（世界英语教师协会）中国研讨会中提出“教学问题是政治问题”的三个理由。请读者自己先对其中的关键词作思考与理解。

观点分享

幻灯片 49

（请把你的观点写在这里。）

____

幻灯片 50

观点分享 不论是教师还是学生，都有一个自我激励的机制和能力，所以千万不要被动地教和学。遇到问题就要解决问题，解决问题要考虑问题的不同层面，探究问题出在哪里。例如，课堂效果不能如愿以偿，问题可能出在教学不得法，或者预设问题不准确，或者不了解学生的实际情况或变化等等。所以，当教学事件发生时，就要分析与什么有关联，为什么对你影响如此之大，哪些是你可以掌控的，哪些是你无法掌控的。一个富有经验的、出色能干的教师，一定有应对问题、难点、困难、突发事件的智慧和办法。

幻灯片 51

观点分享 所谓“政治问题”就是错综复杂的问题。

首先，他认为“Teaching is everyone’s business.”。everyone指的是与教学相关联的人，例如，教师、学生、校方、家长、社区等。其次，business指的是责任、利益、投入、支出、资源、机会等。

“Teaching is common work.”我们不妨想一想，什么是common的东西或事情？就是人人都知道的常识，人人随时都会遇到的事情，也就是说，“教学”是常人、常识、常事、常理的事情。

“When you teach, you have to manage what you don’t control.”作为专业教师、专职教师，我们不得不处理那些超越我们所能掌控的事情，这就是笔者常说的“教师是培养人才的人才”，是“先生”的高明之处。对活生生的教学对象，对处于动态的课堂，对出乎意料的事情，教师能够处理好，就像职场经理一样，需要有处理矛盾、冲突、突发事件的管理能力。下面提供的图表是给教师用以记录和总结。

Incident	Difficult to control	Manage

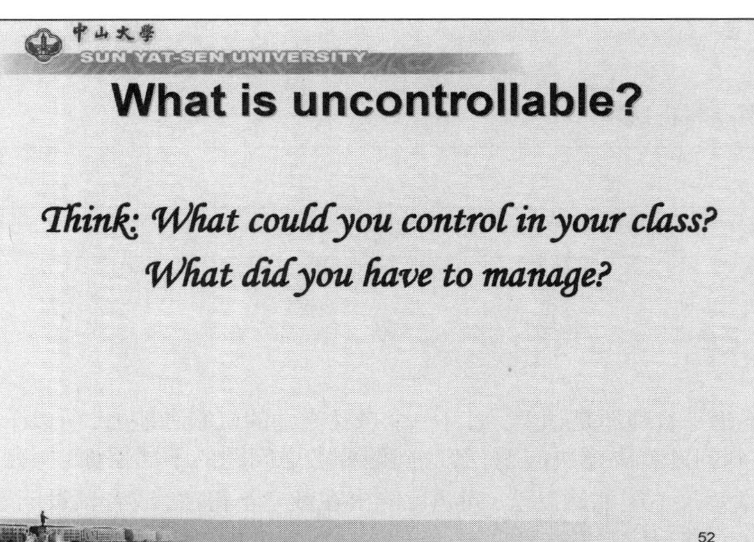

提点： 先想一想，哪些是“不可控”的事情或情况？

- Class size
- Syllabus
- What the students think
- People who refuse to be controlled

Think: What could you control in your class?
What did you have to manage?

53

观点分享 ➡

提点： 你同意这些情况是不可控的吗？还有哪些是不可控的？

幻灯片 52

（请把你的观点写在这里。）

幻灯片 53

观点分享 所谓不可控的情况，例如：教学班的规模人数，这是教务排课的问题，由不得教师掌控。又如，教学计划或教学大纲，也得听从教学领导的布置。再如，学生脑子里想什么，不是教师所能掌控的。在中国还常指的是不由教师个人或主观所能决定的。对于“可控”和“不可控”的课堂现象，我们可以通过课堂教学观摩，做以下几件事：

1）观察并做笔记：

What the teacher does	What the students do

2）交换观察到的现象：

Attitudes of the teacher	Knowledge the teacher has	Skills the teacher can use

通过这样的观察和分析，我们可能会发现，课堂里发生的事情或现象，会随着教师的态度改变、知识应用、技能施展而得到控制或调整。教师作为当事人也要反思自己做了什么调整。

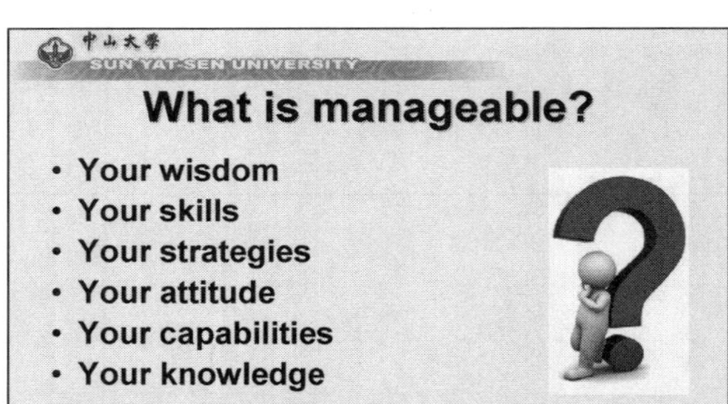

提点：可见，课堂里的人和事可以从失控到掌控。哪些人和事是可以掌控的呢？

观点分享 ➡

中山大學
SUN YAT-SEN UNIVERSITY

"Big" knowledge

- **Declarative knowledge:**
- Know what
- Content knowledge
- **Procedural knowledge:**
- Know how
- Method knowledge

"No one can tell you how to teach than yourselves."
(Donal Freeman 2011)

提点："知识"分为"已知"的知识和"在过程中获得的知识"。

观点分享 ➡

中山大學
SUN YAT-SEN UNIVERSITY

Problem-solving in practice
Issues and concerns: what, why, how

1 Teacher:	**traditional**	**modern**
Beliefs:		
Behavior:		
Problems:		
Changes:		
...		

56

提点：解决问题、克服困难的能力是教师发展的目标与方向。传统与现代教师的观念、行为、所遇到的难点有哪些区别和变化呢？

幻灯片 54

观点分享 教师是“课堂经理”,需要管理能力。要能“掌控”,首先需要智慧。教师的智慧,可以参考管建刚写的书《不做教书匠》(福建教育出版社 2006)和曾建胜写的《做有智慧的教师》(福建教育出版社 2011)。

其次,管理需要技巧、策略、态度和能力,可以参考郑金洲写的《课堂教学的50个细节——一个专业研究者的听课杂记》(福建教育出版社 2011)。

至于教师的管理知识,要分清需要什么样的知识。

幻灯片 55

观点分享 教学过程中不断遇到新的问题,没有人能够代替教师去解决。只有教师自己运用以上提到的智慧、策略和能力才能够去解决。所以,懂得“做什么”和“怎样做”不是一回事。

幻灯片 56

(请把你的观点写在这里。)

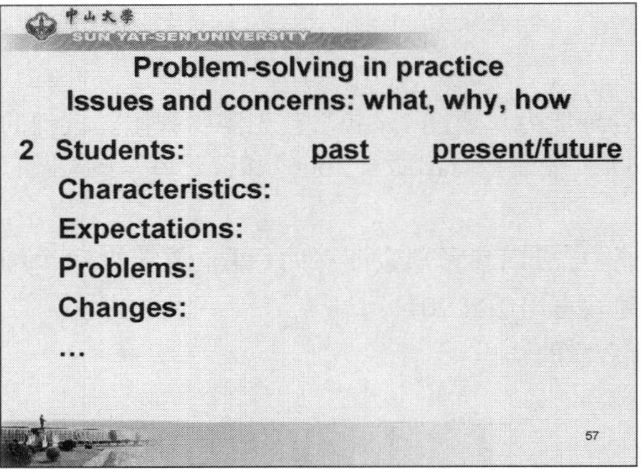

提点：要应对和解决学生问题，现代和传统的学生在行为特征、心理期待、学习难点上有什么区别和变化呢？

中山大學
SUN YAT-SEN UNIVERSITY

Problem-solving in practice
Issues and concerns: what, why, how

3 Classroom: traditional modern
Facility:
Environment:
Atmosphere:
Forum:
…

58

提点：现代和传统的课堂在设施、环境、气氛、讲台、座位(课室布局)等方面有哪些不同和变化呢？

中山大學
SUN YAT-SEN UNIVERSITY

Problem-solving in practice
Issues and concerns: what, why, how

4 Assignment: traditional modern
Forms:
Amount:
Requirements:
Attitude/response:
…

59

提点：现代和传统的课外作业布置在形式、量、要求、学生的反应方面有什么不同和变化呢？

幻灯片 57

（请把你的观点写在这里。）

幻灯片 58

（请把你的观点写在这里。）

幻灯片 59

（请把你的观点写在这里。）

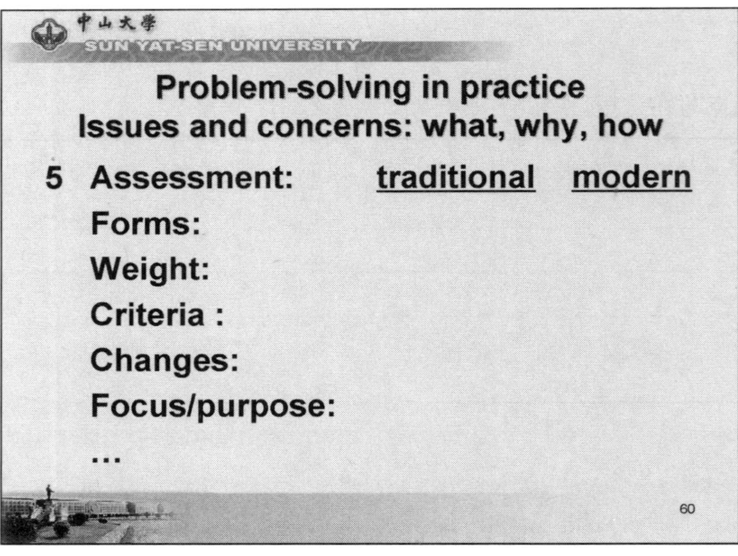

提点：现代和传统的考试评价在形式、权重、标准、目的等方面有什么不同和变化呢？

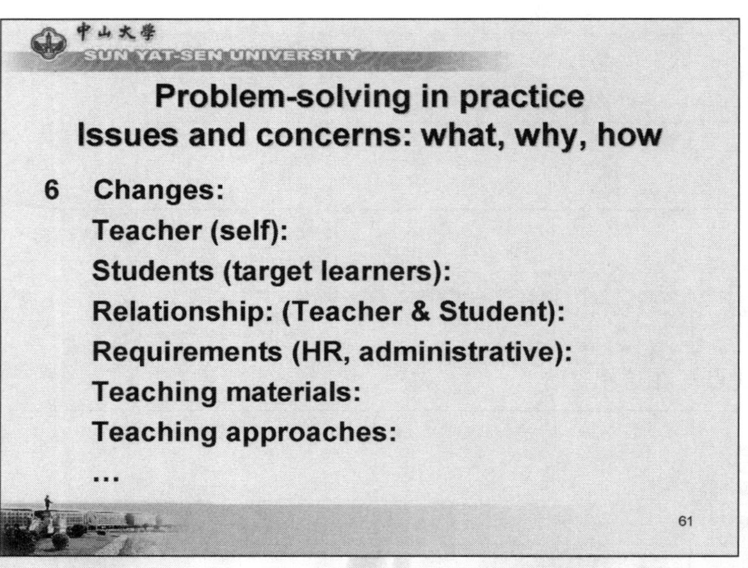

提点：归纳起来，传统和现代教育的比较与变化表现在老师本人、学生对象、师生关系、人才市场对毕业生的要求、教学材料、教学方法等方面。

幻灯片 60

（请把你的观点写在这里。）

幻灯片 61

（请把你的观点写在这里。）

Problem-solving in practice
Common problems and solutions

A T: …, please answer this question.
S: Sorry.

B T: …, you were absent in the class for many times.
S: I don't like to study English.

C T: You did not hand in the assignment.
S: I forgot.

D T: Do you have any question?
S: No (or keep silent).

62

提点：这里，笔者根据教学一线的情况，提出几个外语课堂比较常见和典型的教学难点。读者可以自己先回想一下采用过哪些有效的应对方法，也可以与同事交流，了解其他教师的策略。

观点分享 →

幻灯片 62

观点分享 笔者认为，学生不回答问题时，教师不能轻易放过。一方面，其他同学会效仿，个个都说“sorry”了事。另一方面，教学就是帮扶学生从不会到会的过程，老师的作用要到位。建议教师可以让这位同学自己找个同学救急，当帮忙的同学回答完后，要求这位同学复述一遍。这样，既没有饶过他，也没有难为他，这样做也是为他好，也给其他同学树立了榜样。如果老师提出的问题的确太难，全班没有学生能够回答，这就需要老师调整问题。

对学生因为不喜欢英语而缺课的现象，笔者认为可以晓之以理。人生一世，不可能因为一个“不喜欢”就逃离重要的、必须做的事情。英语既然是必修课，学生必须考试及格，修满学分，这是无法回避的重要事情。与此同时，教师也要从自己的教学如何能更吸引学生方面进行改进。

对不自觉不按时递交作业的学生，也是先晓之以做人之理。即使在职场，一个下属或同事怎么能对布置的任务以“忘记”为由应付打发？要养成良好习惯，对作业就要认真负责。

对学生不提问现象，要做分析。首先从中国文化透析。中国人比较讲究面子，情愿课后围着老师提问，也不愿在众人面前提问，这是一种普遍现象。同时，中国的教育比较侧重老师提问、学生回答，久而久之，学生变成“学答”而不会“学问”。对此，我们当老师的就要改变教学方式，多让学生提问。这样一来，整个课程的教学模式都要颠覆传统，不再是“教师讲，学生听”而是“学生问，教师答或师生共同寻找答案”。具体而言，教课文时，让学生提问，知道对他们而言哪些是重点难点，了解他们的理解深度，这样对教师有针对性地教不是更有效吗？

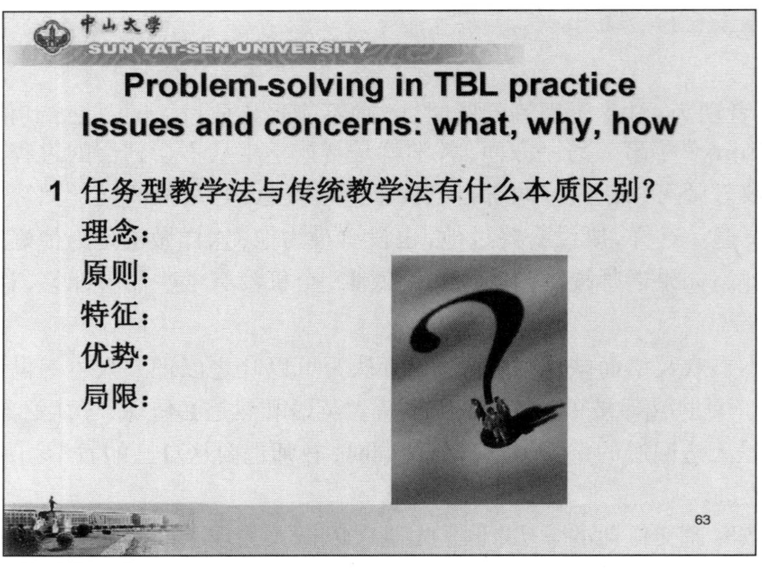

观点分享 →

提点： 遵循以上的教学观念和教育原理，现代提倡“任务型”教学就是在教学行动上的体现。究竟“任务型”教学与传统教学有什么本质区别？

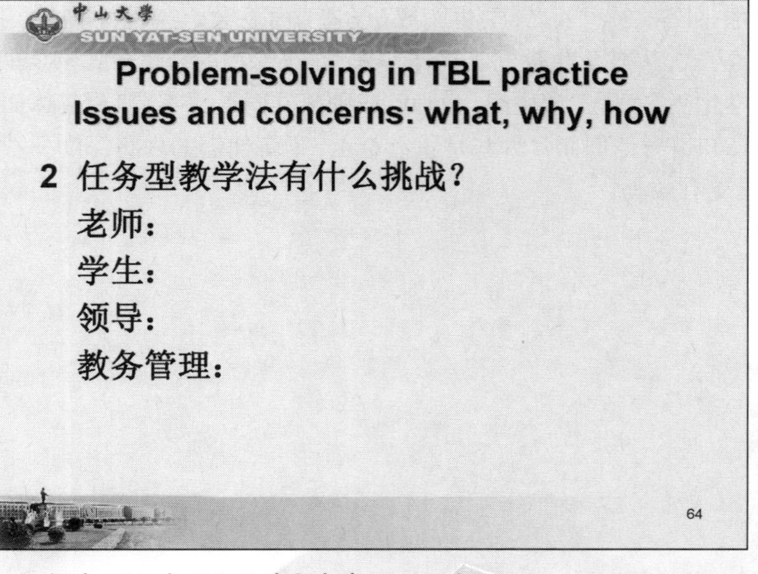

观点分享 →

提点：“任务型”教学究竟有什么挑战呢？

幻灯片 63

观点分享 在理念上，任务型教学强调“干中学习”、“用中学习”、“实践中学习”、“体验学习”、“学生自主探究知识”，这就与传统的教学“从书本上学习知识”、“从书面做题答题”、“靠老师讲授讲解”形成了完全不同的套路。

在原则上，教师要大胆赋权、放手、导学、导做、导练，而不是采用“保姆式”、“灌输式”、“传授型”的教法。

在特征上，实施任务型教学的学生从课文、到生词、从课内到课外，都是学习的主人，而不是“等、靠、要”的姿态。

“任务型”教学的优势在于实现国际教育大师杜威的教育思想：学校即社会。在学校学的与社会用的保持一致，学生真正成为社会有用之才而不是“书呆子”、“象牙塔里高分低能之人”、“读死书的课堂人”。

应该承认，“任务型”教学在中国实施有一定的局限，特别是有来自教师和学生的抵制。前者出于“不安全感”和惧怕挑战；后者出于人的惯性和惰性。然而，随着时代的变迁、社会的变化、西学东渐的趋势，教师和学生都会朝着这个方向改变自己。

幻灯片 64

观点分享 对教师而言，“有备而来”、“我讲你听”、“我问你答”的主动态势被打乱了。当课堂还给了学生，课文交给学生解读，疑难问题由学生提问，对学生的表现和作为必须即时回应、即场点评，这一切对教师形成了“被动应战”的格局，对教师的要求更高了。课堂组织、掌控、评价、答疑、应对失控局面等都需要凭借经验、智慧、水平、技巧、策略等，所以不少教师有“不安全感”。

对学生来说，习惯了课堂上听教师讲解，有听与不听的自由。现在要他们自己讲解，需要学在先，需要动脑动手动口做事，需要行为表现，同学之间既要合作又有竞争比试。这一切，对学生的挑战虽然很大，但由于年龄优势、时代特征，相信他们会比老师接受得快。

其他还有领导和教务管理的问题，也因此而会改变原来的程序或格局。例如，学生执行任务的质量，个人表现的评价，都有考核权重问题、分数评定问题。如果这些环节跟不上，光凭教师的努力任务型教学法也难以奏效。

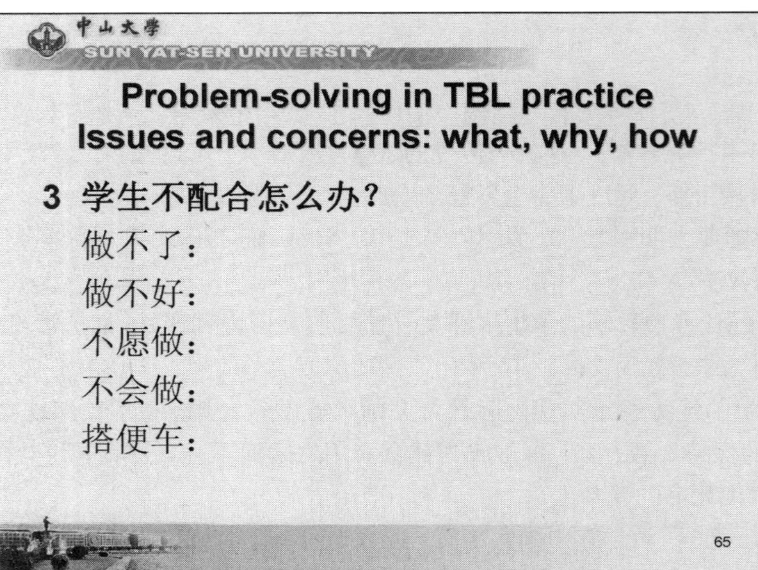

观点分享 ➡

提点:“学生不配合”是老师最大的担忧,也是老师不实施的借口。对这个难题,要分析学生是做不了还是做不好,是不愿做还是不会做。

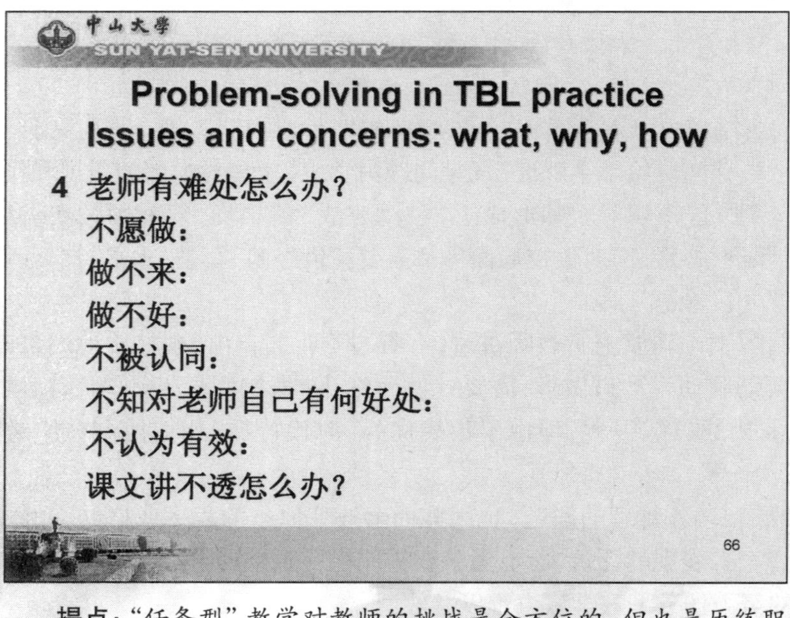

观点分享 ➡

提点:“任务型”教学对教师的挑战是全方位的,但也是历练职业人的最好经历。

幻灯片 65

观点分享 据笔者的实践经验，只要教师指导有方，鼓励和激励措施到位，现在的学生不会做不了。

学生能不能做好，能不能做到教师期待的水平，也需要教师的全程指导，包括事后及时具体、带有导向的评价。

学生不愿做往往是教师没有相应的措施，例如，没有告知学生做与不做有什么不同后果、重大区别。形成性评价组合成绩是最有力的措施，那些不愿做或抵制要赖不做的就没有这部分的分数或拿不到高分。

至于“搭便车”现象，即团队小组任务执行过程中有不做贡献或少做贡献者，评分时可以采用自评和互评相结合的办法处理。

幻灯片 66

观点分享 通常老师的难处在于态度上抵触、自信心不足，认为自己做不来或做不好。其实，事不经过不知难，而正因为有难度才能识别英雄。驾轻就熟地教一辈子死书，时代已经不会容忍了。如今每年英语专业的本科和硕士毕业生都在竞争有限的职位，已经在岗的教师如果没有竞争力则饭碗不保，这也是社会优胜劣汰的规律所致，不以个人意志为转移。

在“任务型”教学法实施的初期，可能由于各种客观原因造成某些人对该教学法不认同，但只要做的对路有效，相信慢慢会改变局面。

有的教师由于对“任务型”教学不甚了解，更没有实践行动，当然不知其对自己有何好处。只要努力实施过该教学法的老师，都会从中受益。例如，自己的组织能力、掌控能力、管理能力、评价能力、指导能力等都比单向灌输型教学得到更多的实际锻炼。

至于一部分人始终认为“任务型”教学法无效，原因很可能是观念跟不上，没有突破传统教育观的束缚。还有一个非常普遍的担忧，即担心课文讲不透。事实上，由学生自主合作解读课文和阐释观点，并不比教师的讲解逊色。所谓“透”，应该理解为学生“学透”而不是教师“讲透”。

中山大學
SUN YAT-SEN UNIVERSITY
Problem-solving in TBL practice
Issues and concerns: what, why, how
5 教学管理如何配合实施？
激励机制：
评价体系：
成果形式：
67

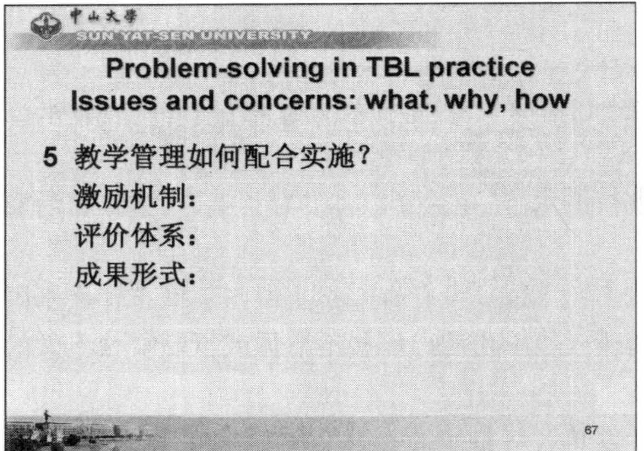

提点： 关于教学管理如何配合实施的问题，上文已经提到通过分数激励机制、评价体系作保障，学习成果形式不局限于书面笔试，而应是动脑动手动口的综合应用能力的全面考核。

中山大學
SUN YAT-SEN UNIVERSITY
Problem-solving in TBL practice
Issues and concerns: what, why, how
6 TBL对课文教学有何意义？
语言：
思想：
技能：
素质：
68

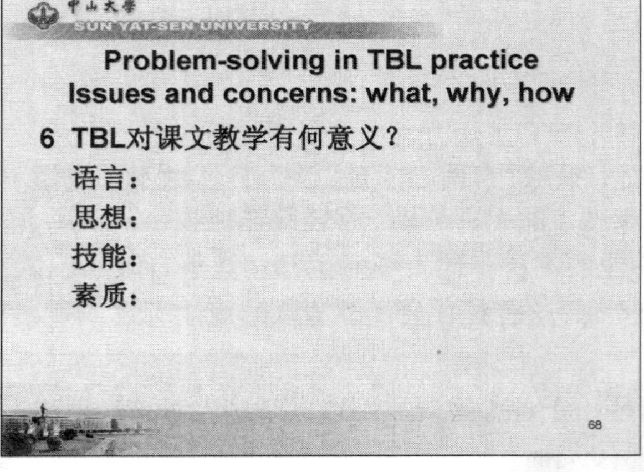

提点： 我们从具体教学环节入手，进一步认识"任务型"教学法对外语教学的重大意义。首先是对课文教学的影响。

观点分享

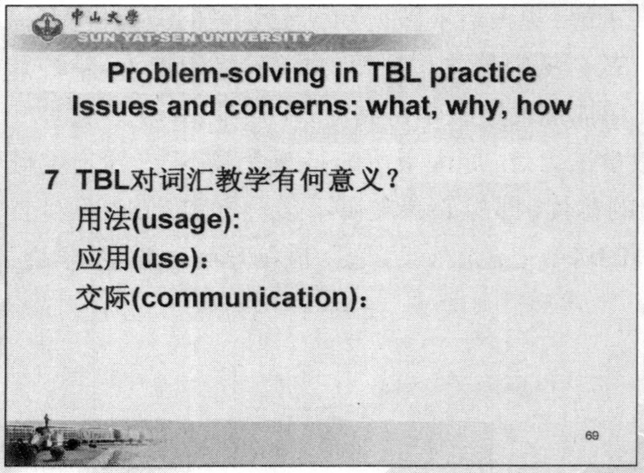

中山大學
SUN YAT-SEN UNIVERSITY
Problem-solving in TBL practice
Issues and concerns: what, why, how
7 TBL对词汇教学有何意义？
用法(usage):
应用(use):
交际(communication):
69

提点："任务型"教学法对外语教学的重大意义还表现在词汇教学上。

观点分享

幻灯片 67

（请把你的观点写在这里。）

幻灯片 68

观点分享 外语教学采用“任务型”最有利于语言的习得和应用。一个单元一篇或两篇精读课文，主题鲜明，内容丰富，词语精彩，这些都交给学生自己组队去解读主题、阐释内容、应用词句，既要求有课文内的内容，也要求增加课文外但与此相关联、支撑、铺垫、展开的知识；既要求有惯用的演绎法，也要求有个性化创新的演绎法。学生有了责任，有了任务，有了分数驱动，一定会尽情发挥各自的聪明才智和已有的语言知识或技能，尽量展示自己“生产”的成果。在此过程中，不但语言应用了，思想也得到了升华，因为解读课文需要思想或思辨。技能方面，学生必然应用到寻找信息、筛选信息、处理信息、组合信息、查询词典、解释难点、陈述观点等语言和交际乃至学习的多种技能。经过这样的综合训练，学生的综合素质自然得到了应有的、自然的、真实的培养。相对传统的课文教学法，只有教师讲解或讲授，单向的传受灌输知识，学生只有听课的份，真正的学习与认知的效度很有限。从这个意义上说，“任务型”教学法是对外语教学界长期只注重对学生的外部输入而缺少学生大量真实输出的颠覆。

幻灯片 69

观点分享 传统外语教学侧重语言的用法，所以教师对生词短语的教法往往注重生词表和单个词的举例。这样做最大的弊端是脱离语境。“任务型”教学法提倡应用和交际，让学生自己结合课文的上下文理解生词的语境含义，让学生自己应用生词短语结合自己的思想、情感、关注、故事、经历、常识、常理等造句、说事、表述等，这样的交际应用才有助于把生词短语牢固掌握。听别人讲不如自己讲，用过了才是自己的。

中山大学
SUN YAT-SEN UNIVERSITY

Problem-solving in TBL practice
Issues and concerns: what, why, how

8 TBL对教师发展有何意义？
观念更新：
技术更新：
教学研究：

70

提点：最后，需要弄清的是，"任务型"教学法中许多事情都让学生做了，这对教师发展有何意义？

观点分享

中山大学
SUN YAT-SEN UNIVERSITY

Problem-solving in TBL practice
Issues and concerns: what, why, how

9 TBL对学生人才培养有何意义？
个人：
团队：
职场：
学习：

71

提点："任务型"教学法的最终目的是造福学生，那么它对学生素质培养有何意义？

观点分享

中山大学
SUN YAT-SEN UNIVERSITY

Problem-solving in TBL practice
Issues and concerns: what, why, how

10 TBL在中国的学校是否可行？
可行：
不可行：
尝试：

72

提点："任务型"教学法在中国的学校是否可行？这个问题是该认真思考的时候了。

观点分享

幻灯片 70

观点分享 应该反复强调的是,“任务型”教学法对教师要求更高了,处处是挑战。

首先,要做到观念更新。教师不再是台前的演员,而是幕后的导演;不再是课堂的主讲,而是课堂活动的主持。教师的才华变得相对隐性。

其次,教学技能要更新。教师不在于能否把课讲得精细精彩,而在于能否把学生的学习积极性和认知潜力充分调动出来,在于能否通过精心的指导和精辟的点评让学生在正确的方向上前行。

这些细节都需要教学研究,研究自己、研究学生、研究教学、研究课堂、研究评价、研究问题等等。

幻灯片 71

观点分享 对学生个人来说,每个人的学习能力、合作能力、交际能力、信息技术、语言应用能力等都通过“任务”充分表现出来,这比以往的书面笔试更能真实地了解自我和让同学、老师全面地了解自己。

在实施任务的过程中,学生个人发现别人的长处、自己的短处或亮点,有利于明确发展方向。

就任务团队而言,学生通过分工、合作、交流、争论、说服、集体演绎获得成果的快感,经历社会化的洗礼,为日后走出校门进入社会做好真实的准备。学生的出路在职场,职场的打拼和人际相处与“任务型”教学过程很相似,所以学生经历过后对未来职场可以缩小“脱离现实”的适应期。同时,这也会为学生的终生学习打下良好的基础。

幻灯片 72

观点分享 应该说,认为“任务型”教学法可行并且已经付诸行动的外语教师大有人在,我们可以从教学观摩、教研活动、教学研究论文发表等方面看到可喜的成果。至今认为不可行的外语教师人数也不少。这些教师需要解放思想、大胆尝试,然后才有发言权。即使开始时不顺利,也不等于不可行。在美国,中小学采用任务型、项目型、难题型、探究型等教学方法很普遍,学生从小就培养了从实践中学习、探索、求知的意识和能力。中国人如此聪明勤奋,没有理由不能开展“任务型”教学。

中山大學
SUN YAT-SEN UNIVERSITY

Research topics and methodology
把教学问题变研究课题

- **教学改革创新的因素分析：**
  外部：教育理念、更新课标、国家要求、学生变化、人才市场
  内部：态度、观念、习惯、投入、努力、行动

- **态度上：**接受现实
- **行动上：**适应、顺应、学习、改变、创新
- **策略上：**因材施教、因人而异、扬长避短

73

观点分享

提点：教学改革创新仍然需要科研支撑。对一线教师来说，最见效的科研是把教学难题变成科研课题。例如，对教学改革创新的多种因素进行分析。

中山大學
SUN YAT-SEN UNIVERSITY

Research topics and methodology

- **教学改革创新常遇到哪些难题或阻力？**

综合课：课文如何处理，词汇如何教学，热身活动/互动活动/多媒体课件如何设计，教材如何使用，课堂如何语境化等；
教师：功能、角色、任务、关系处理；
学生：变化、习惯、惰性、关系处理；

74

观点分享

提点："材"可以指教材和人材。教材是给人材用的，而人材如何把教材用活，这是教学改革创新的一个重要方面。在此过程中常遇到哪些难题或阻力？

幻灯片 73

观点分享 首先是内部因素。内因主要有态度、观念、习惯、投入、努力、行动等。态度决定一切，积极的态度就能形成积极地投入，消极的态度就必然造成抵制、抵触。各种与教育相关的观念如果不与时俱进，加上长期形成的思维定势，改革创新就会阻力重重。

至于外部因素，对暂时不可掌控的，也要看到发展趋势，相信终究能够改变。如果外因是强制性的，在态度上先接受现实，行动上适应、顺应。如果外因是阻力，在策略上可以适当学会钻空子，变通性实施，用行动成果说服，以事实说话和效果说服他人。许多事实证明，只要有利于学生、有利于学习成效，就一定有教育科学的道理，通过实践和研究证明的就能站得住脚。

归根结底，因材施教和扬长避短是教学改革与创新的基本原则。因此，对“材”和“教”、“长”和“短”就可以开展实践与研究。

幻灯片 74

观点分享 值得开展教学研究的课题往往是经常遇到的难点问题，也是教学方法论涉及到的微观操作问题。

例如，综合课中的精读课文的教法或处理方法问题。习惯了教师主讲的传统教学法往往照本宣科，就课文讲课文，把课文“肢解”成生词解释、语法分析、句子翻译、文体解构，诸如此类。本书第五章已专门讨论过课文教学的创新问题。

又如，词汇的教法和学法问题。我国长期以来实行的生词表、死记硬背、词法句型操练，诸如此类。本书第六章已专门讨论过词汇教学的创新问题。

再如，热身活动设计的真实性和必要性，互动的基本原则，多媒体制作人和课件标准，教材使用的真实性和语境化，课堂的人际交流环境，教师的功能、角色、任务、各种关系处理，学生的变化、习惯、惰性、各种关系的处理等，这些都是教学研究的重要课题。

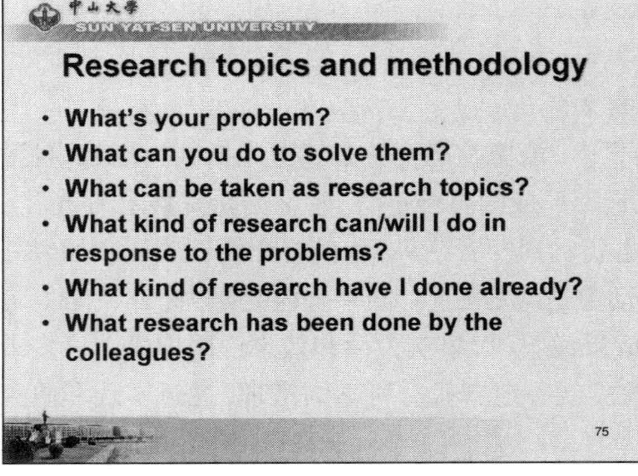

提点：除了以上笔者提到的难点问题，各位老师还可以结合自己的具体问题想想研究课题：有什么教学难题值得研究？已经做过什么研究？将要做什么研究？能够做什么研究？哪些研究已经有人做过？

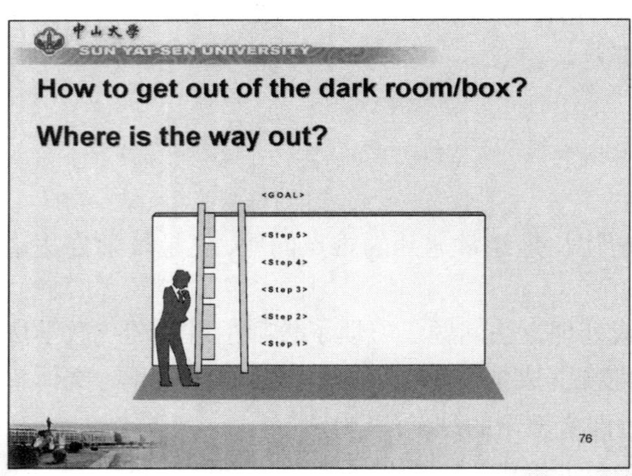

提点：研究如同在黑屋子里找梯子，看到头顶的光，却身处黑暗摸不到往上爬的梯子，这是研究必经的过程。

中山大学
SUN YAT-SEN UNIVERSITY

教研相益，互利双赢

- 教学不离研究，研究不离教学，为教学而研究，为研究而教学；
- 教学为研究提供素材、数据、问题、案例；思考、思辨、阅读、研讨；
- 研究为教学提供理论支撑、解决问题方案、困惑答案；
- 研究课题来自教学难题。

77

提点：想做教学研究，一定不能离开教学。教学为研究提供素材、数据、问题、案例，促发思考、思辨、阅读、研讨。研究为教学提供理论支撑，有助于解决问题、寻找答案。研究课题来自教学难题。

幻灯片 75

（请把你的观点写在这里。）

幻灯片 76

（请把你的观点写在这里。）

幻灯片 77

（请把你的观点写在这里。）

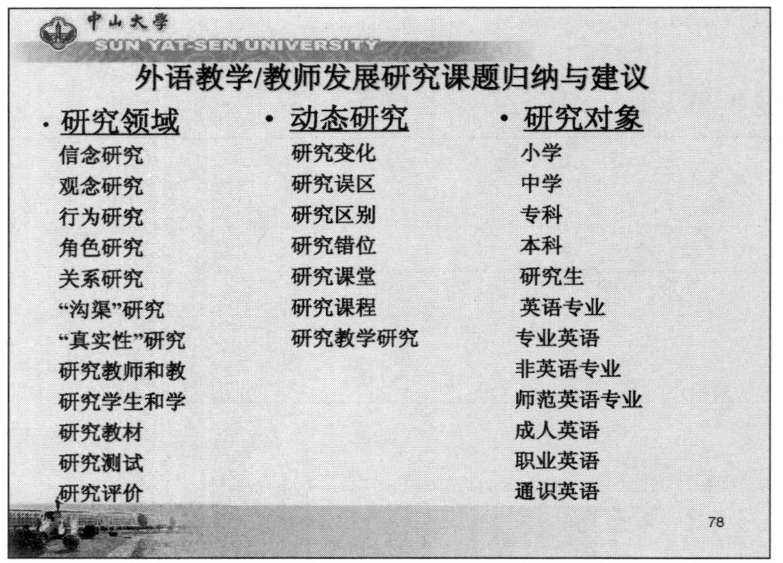

提点：笔者在这里提供了尽量全面的教学改革创新中涌现出的研究课题。

观点分享

幻灯片 78

观点分享 例如，信念/观念研究。信念就是认定、认为，也是观念。哪些信念/观念直接影响教学？本章之前提到教师的教育观、教师观、教学观、人才观、学生观、学习观、师生关系观、评价观、发展观、业绩观、价值观、语言观等观念都会在不同的教学环节直接影响教学行为。具体分析如下：

教育观："教育"是什么？革新派认为教育不是传承或传授前人的知识，而是抽引学生的智慧，师生共同去探寻、探究、探索、创造新的知识。请思考其教学行为与传统教学有什么本质和形式上的区别？

教师观："教师"是什么？革新派认为教师不是知识的权威和讲课的机器，而是学生学习的引路人、伙伴、未知世界的共同建设者。其教学行为与传统教师角色有什么本质和形式上的区别？

教学观："教学"是什么？革新派认为教学过程不是"教师教，学生学"，而是"教师,教学生学”,关键在于掌握学习方法。其教学行为与传统教学有什么本质和形式上的区别?

人才观:“人才”是什么?有才能干,社会想用、能用、好用的人力资源。那些有知识无技能、有才不能干的,不是真正的人才。培养这样真正的人才在教学行为上与传统教学有什么本质和形式上的区别?

学生观:“学生”是什么?不是知识的容器,不是课堂笔记本,不是考试机器,而是活生生的学习人。学生本身就是学习的资源,有思想、有智慧、有常识、有经验、有被挖掘的潜力。面对这样的学生,教学行为与传统教学有什么本质和形式上的区别?

学习观:“学习”是什么?学习是发现。教师灌输给与的只能是填充式、重复式、记背式,不通过实践应用不可能有发现。为发现而进行的教学行为与传统教学有什么本质和形式上的区别?

师生关系观:“师生关系”是什么?不是管制和被管制的纪律约束关系,不是教与学的关系,不是有知识和无知识的关系,而是共同学习、共同探索、共同创新的社会人际关系。其教学行为与传统教学有什么本质和形式上的区别?

评价观:“评价”是什么?不是单一卷面考试,不是主观随意评论,不是考核学生做题的本事,而是考核学生作为人才的综合应用能力和做事的本领及其业绩表现。其考评测验行为与传统做法有什么本质和形式上的区别?对“成功教学/学习”的标准有什么不同?

发展观:“发展”指什么?教师和学生共同作为人才的全人发展。如何才能做到?

业绩观:“业绩”指什么?能用外语和所学进行人际间真实的交际,完成需要语言应用的各种交流任务。如何实现?

价值观:教师的价值取向,例如:职业与家庭,学历与资历,文凭与水平,业绩与收入,成就感等。价值追求排序的不同反映出不同的价值观,直接影响其职业行为和业绩表现。

语言观:“语言”是什么?不仅是语码系统、语言规则、语法知识,更是交际技能、言语行为、思维载体、文化表现、沟通工具。其教学行为与传统教学有什么本质和形式上的区别?其评价标准与传统教学法有什么本质和形式上的区别?

中山大学 SUN YAT-SEN UNIVERSITY

- **研究变化：** 信念、观念、方法、模式、手段、技术、对象、环境、要求、标准、需求、条件等，变化的实质、表现形式，引发的问题，应变措施等；
- **研究行为：** 影响和支配教学行为的观念在行为上的表现特征及其后果，例如：价值观、教师观、教学观、学生观、学习观、质量观、评价观、人才观等导致教学以谁为主，以什么形式为主，以什么效果显现；
- **研究角色：** 传统与现代教师角色和学生角色以及领导角色的特征、差异与转换、统治型、权威型、交际型、互动型、互补型、合作型、自主型等；
- **研究关系：** 师生关系、学生关系、同事关系、领导关系、交际/学习伙伴关系、主客体关系以及关系的建立、维持、发展、应对等；
- **研究"沟渠"：** 交际沟、信息沟、观点沟、观念与行为/理念与行动/理想与实际/理论与实践之间的沟

79

中山大学 SUN YAT-SEN UNIVERSITY

- **研究"真实性" (authenticity, real-world like)：** 教学环境、教学材料、教学行为、问答、造句、练习
- **研究创新：** 理论、模式、方法、技术、应用、阻力、措施
- **研究"教"：** 输入与输出的量比、循环、发现；输入的渠道、方式、种类、目的、量；输出的目的、方法、途径、效果；归纳 (induction, deduction)的本质区别；交际法、合作法、任务法、功能法、情景法、主题法、提问法、卷入法、参与法、体验法、角色法、讨论法、辩论法、游戏法、活动法；活动的设计和组织、课件设计和运用；教学小技术：纠错、提问、刺激、单项、综合、因材施教等
- **研究"学"：** 记忆、想象、联想、思考、思辨、归纳、总结、笔记、用法、应用、自主、合作、课内、课外、词汇、单项技能、综合技能、个性化、学习资源、工具书、过程、结果等

80

中山大学 SUN YAT-SEN UNIVERSITY

- **研究教材：** 理念、目的、路径、结构、活动形式、材料来源、真实性、实效性、科学性、人文型、工具性、教育性、实用性、教学方法、活动形式等；教师用书、学生用书、配套学习包等
- **研究测试与评价：** 形成性、终结性、诊断性、针对性、阶段性、多样性、后效性、教学反拨作用、试题题型、权重、评分标准、评价细目表；考评重点：语言形式、功能、交际、应用；反馈信息的利用、测试成绩数据的科研价值、解读强弱项、卷面成绩、业绩评价、单项、全面、时机、问卷、访谈、案例分析
- **研究误区/区别：** 语言学生还是语言学者、工具性还是专业性、大学还是中学、专科还是本科、分析还是应用、知识还是能力
- **研究错位：** 教和考、教和学、目标和方法、方法与效果、内容和需求、期望和实际、个体和整体、单项和综合

81

中山大学 SUN YAT-SEN UNIVERSITY

- **研究课堂：** "田野"、话语行为、情景语境、话轮话量、互动、大班、课堂内外衔接/延伸/有机结合/社会化
- **研究课程：** 课标、设计、评价、开发、教辅、改革、创新
- **研究教学研究：** 教研相依、教研相益、教研意识、敏感性、自觉性、经验性、研究方向/方法/对象/课题/标准、拜师取经、学习、实践、写作、投入、态度、价值取向
- **研究教师：** 自主/合作发展、职业阶段需求、教学理念、技能、话语策略、师生关系；研究方向、课题、方法
- **研究学生：** 自主/合作学习，阶段性/终极目标，学习方法/习惯/效果（显性/隐性）

82

提点： 这几页提供了具体的研究课题，读者可以参照并思考与自己的研究相关或感兴趣的具体课题。

中山大学 SUN YAT-SEN UNIVERSITY

有利于教师发展的研究分类

教学研究选题	教学研究方法
一、综述类	• 教育叙事法
二、调研类	• 行动研究法
三、理论指导实践类	• 文本分析法
四、理论廓清/思辨类	• 案例分析法
五、教育叙事研究类	• 对照/比较分析法
六、外语教育术语研习类	• 综述法，检索法，评论法，问卷法，实验法，访谈法，观摩法，研讨法，反思法，思辨法
七、其他形式	

83

提点： 从有利于教师发展的研究角度，这里提供的是基于课堂、教师、学生的研究课题分类与研究方法推介。

幻灯片 79–82

（请把你的观点写在这里。）

幻灯片 83

（请把你的观点写在这里。）

中山大学
SUN YAT-SEN UNIVERSITY

选题一：综述类

1 对国外教师研究的综述
2 对国内教师研究的综述
3 对国外教育叙事研究的综述
4 对国内教育叙事研究的综述
5 对国内英语教学研究的综述
6 对国内英语教学改革的综述
7 对国内任务型教学法研究的综述
8 对国内行动研究的综述
9 对国内21世纪出版的英语教材的综述
- 注：2000-2010 检索论文题目与摘要；
- 国内综述：中文国内发表，同时英文国外发表

84

提点：严格来讲，综述类论文不算研究，但却是研究的前提。可以通过关键词检索，找出一定时间段已经发表的相应的研究，进行综述。例如，输入关键词“教师发展”或“英语教师发展”，检索国内国外几个主要核心期刊近五年的相关论文，然后进行分析、归纳，从中有所发现，得出某种结论。又如，对某一个权威杂志的年度合订本进行浏览，从中发现最新研究动态或倾向。

观点分享

中山大学
SUN YAT-SEN UNIVERSITY

选题二：调研类

1 对国内外语教师培训的专题和形式的调查研究
2 对国内外语教师培训前后反馈与关注点的调查研究
3 对国内外语教师参加培训的目的、意识、期待、需求、收获、建议的调查研究
4 对国内外语教师培训的存在问题、欠缺、改进方向的调查研究
5 教师自主性发展的导向要素与制约因素
6 课堂生活质量构建：教师与学生的主观感觉(满意度/幸福指数/挣扎状况/相互埋怨的集中点)
7 以学生为中心的师生关系：现象/难点与原因
8 教师职业生涯中具有影响力的关键词(上课、考试、分数、评估、教法、职称、学历等)及其对职业发展的影响力
9 教师和学生对“任务型”教学法的认同度及其原因
10 外语教师核心胜任力和竞争力的表现

85

提点：1–4题围绕的是“教师培训”问题进行调研，因为教师培训已经成为教师发展的重要途径，但实际状况有待改善和进一步提高效益，而调研是发现问题的依据。5–10题是关于“教师职业生涯”的相关问题。

观点分享

中山大学
SUN YAT-SEN UNIVERSITY

选题三：理论指导实践类

1 任务型教学法实施过程中师生对知识的共同构建（建构主义理论与实践）
2 从学生的任务型教学反馈看问题（理念、实施、认识误区、行为习惯）
3 中国国情下任务型教学法的难度及其深层文化原因（国情文化研究）
4 以学生为中心的教学过程中教师的点评技巧与效益（协作型学习理论与实践）
5 应用“行动研究法”指导实践“任务型教学法”（研究方法论指导教学方法论）
6 外语教师理论转换为实践的存在问题（理论与实践的关系处理）
7 教育叙事研究方法在外语教师发展中应用的意义（方法论）
8 教师的自主发展与合作发展理论与实践（教师发展论）
9 大学生的合作学习效益与可持续发展的关系（高等教育育人观）

86

提点：理论指导实践的研究首先需要对某一理论理解透彻，否则实践会走样，或者因失真的实践否定理论的真理性或可行性。事实上，一线教师普遍存在理论转换为实践的困难，所以需要研究。

观点分享

幻灯片 84

观点分享 值得一提的是，国外对我国外语教学界近二十年来如火如荼的教学改革状况没有足够的了解渠道。综述类论文如果能用英语在国外期刊发表，将有利于引起国际同行的关注与参与。

幻灯片 85

观点分享 调研可以大规模也可以小范围。调查问卷的设计质量很重要。有的人设计的问题与调查目的不相关，或没有研究价值，或很难统计，或很难形成令人信服的结论。所以，调研一定要有研究问题预设，通过问卷回收的反馈能够回答自己所预设的问题。调研也需要依据某一理论或标准，通过调查对结果进行标准化检验。

幻灯片 86

观点分享 1-5题研究“任务型”教学法。“任务型”教学法在我国已经实施近十年，但理论与实践常常不一致，或者实施起来困难重重，误区较多。采用“行动研究法”实践“任务型教学法”将会有持久的意义。“教育叙事法”也是有理论有方法的研究范式，但操作起来容易走样，所以需要实践性研究。

中山大学
SUN YAT-SEN UNIVERSITY

选题四：理论廓清/思辨类

1 "自学"与"自主性学习"的区别（概念，实践/环境/条件/管理/监控/效果标准/与课堂关系）
2 "练习"与"任务"的区别
3 "活动"与"任务"的区别
4 "卷面考试"与"综合考核"的区别
5 "人机/网"与"人际"教学的区别
6 "交际法"与"讲授法"的区别
7 教学经验总结与教学研究论文的区别
8 基础教育与高等教育的区别与衔接
9 教学"微型目标"与教育"终极目标"的一致性
10 学生的合作性学习之必要性及其效益

87

提点： 1–8题都是外语教学改革过程中常常出现的认识与行为误区，所以需要廓清与思辨。

观点分享

中山大学
SUN YAT-SEN UNIVERSITY

选题五：叙事/案例研究类

1 教师如何在教育叙事研究中培养反思、发现、体验、补缺、突破、应变、提升、创新意识和能力
2 教学设计与反思
3 教学提问与反思
4 教学点评与反思
5 教学组织与反思
6 教师个案研究：新入职教师案例，讲师案例，副教授案例，教授案例，优秀教师案例，困难教师案例，女教师案例，男教师案例，沿海发达地区教师案例，边远欠发达地区教师案例，名校教师案例，地区性高校教师案例，海归教师案例，本土教师案例，团队教师发展案例等20种教师类型代表
7 学生案例研究

88

提点： 教育叙事和教育案例研究对一线教师来说既有必要又容易上手。两种都离不开描述、记录、夹叙夹议、反思、发现、归纳等环节。在写作上，要分清两种不同的框架和要求。

观点分享

中山大学
SUN YAT-SEN UNIVERSITY

选题六：外语教育术语研习

- **Teachers' beliefs:** e.g. language, language teaching/learning objectives/successful course/teacher's roles and functions/attitude toward language errors, etc.
- **Teacher's awareness:** e.g. students' characteristics/needs/ expectations, changes in conceptions, syllabus, objectives, methodology, requirements, etc.
- **Teacher's identity:** developing periods, self and others, growth, relationship, challenge, etc.
- **Teacher education:** e.g. pre-job, on-job, autonomous development, training, mentoring, peer learning, professional growth,reflection, changes in concepts/attitude/action/effects
- **Teaching culture:** e.g. people, event, incident, business, profits, atmosphere, contexts, etc.

89

提点： 外语教育与教师发展以及教学相关的术语研习对教师的实践和研究颇具指导意义。

观点分享

幻灯片 87

观点分享 有的教材仅仅把exercises改为tasks，就自称是“任务型”教学法的产物。有的教师把课堂 activities 当作是 tasks，以为自己在实施“任务型”教学法。有的教师以为课堂有听有说就是“交际法”。其实，“任务型”教学法倡导和追求的外语习得效益在于“真实社会的人际交流与信息处理”能力培养。对此，笔者在本书的姊妹篇《外语教师发展的知与行》中有专门的章节阐述。

幻灯片 88

观点分享 教师叙事研究具有人类学、社会学、历史学、教育学的价值。如果用英语撰写，到国际杂志发表或用作博士论文，都会引起国际教育界的关注和兴趣，因为我们这样的人口大国、教育大国，学生数论亿，教师数论千万，教师在做什么、做了什么，反映出什么，学生有什么故事、案例、经历，都需要作历史阶段的记录，供同时代的人进一步研究，也供后人作历史参照。

幻灯片 89

观点分享 例如，正如本章上文提到过的“教师信念”问题，教师认为“成功的语言课”是什么样的，教学就会呈现什么状态。教师对学生语病的态度和认识是怎样的，课堂行为和批改作业环节都会表现出来。又如，“教师的身份”构建、意识、变化、自我和他我，发展阶段、受到的挑战等等指的是什么，专家有过什么论述。再如，“教学文化”里有人、有事、有景、有利，都具体指什么？只有完全、深入、真正弄清了这些词所赋予的教育理念，才谈得上有道有术的实践。

中山大学
SUN YAT-SEN UNIVERSITY

选题七：其他课题

- 外语教育著述评论 (Book review)
- 教材评析
- 教师大赛选手表现评析
- 如何教90后学生？
- 胜任教师的核心技能归纳
- 教师专业阅读问题与启示
- 教师学术写作问题与启示
- 教师职业发展问题与启示
- 教师关注热点问题评论

90

提点：“评述”、“评析”、“评论”类的论文相对比较容易发表，也对随后的深入或细化研究奠定必要的基础，不失为一线教师的选择。

观点分享

中山大学
SUN YAT-SEN UNIVERSITY

教学研究方法

- **教育叙事法**：学生成长与教师发展的生动记录、过程的描述、从中的发现
- **行动研究法**：3R+3R+3R: record, recall, reflect + retell, redefine, regenerate (professional self) + recreate, reaction, reconstruction, = recycling: action-reaction-more action-better action
- **文本分析法**：学生反馈的文字，归类、归纳、分析
- **案例分析法**：事件，关联人，原因，收获，反思，心得
- **对照/比较分析法**：新法/旧法，基教/高教，国内/国外，地区，学生群体，教师群体，方法与效果，评价与效应
- **其他**：综述法，检索法，评论法，调研法，实验法，问卷法，访谈法，观摩法，研讨法，反思法，思辨法

91

提点：教学研究的方法以质化研究为生动形式。其中，“文本分析法”专门提到对学生反馈的分析，这是值得做而且要做到位的学术行为。

观点分享

中山大学
SUN YAT-SEN UNIVERSITY

教学研讨会形式创新

- 故事交流 (教育叙事)，教案交流(教学课件、教学案例)，现象交流(教育现象学)，心得交流(教学、研究、生活)，读书交流(同书不同人)，教法交流(同课不同人)，课堂观摩点评比较(不同标准、不同观测对象，不同观察点，不同经验水平，不同理念原则)，专家群体对话(同题争论)，专家答疑(主题报告会后专门安排对话时间)，专题研讨(理论、理念、实践、疑问、难点)

92

提点：教学研讨的形式也最好多样化，有利于教师分享经验和智慧。

幻灯片 90

观点分享 一线教师的专业阅读、学术写作和职业发展问题一直是难点较多的领域，所以作为问题来研究，找到有益的启示，也是很有必要的。

幻灯片 91

观点分享 在外语教学改革和创新的过程中，要注意收集学生的全程反馈，包括他们对教学与测试改革或全新教学方法、模式、目的、效益、问题、困惑、自我感觉、建议等的反馈。回收反馈除了通常用的调查问卷外，最好要求每个人用文字表述。这样，老师手里有了文本依据，分析起来更全面，还可以分门别类地进行分析反思。

幻灯片 92

（请把你的观点写在这里。）

提点: 这里提供的是笔者推荐的有利于教师发展和教师研究的部分最新著作,旨在为以上研究选题提供了有益的参考。

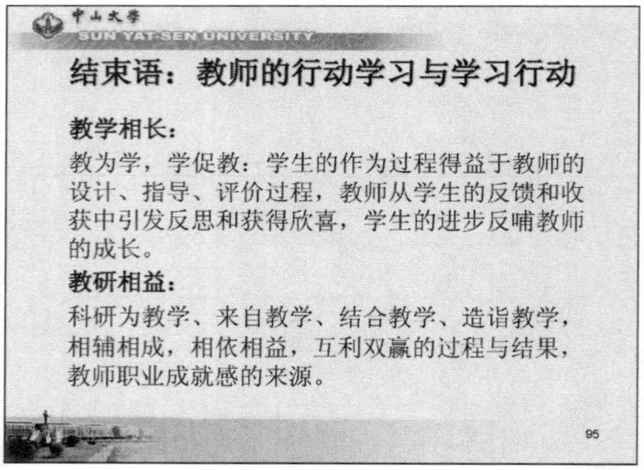

观点分享

提点: 本章也是本书的结论,就是教师要发展、要提升、要转型、要变革、要创新,一定要在行动中学习,在学习中行动。行动不是盲动,是教学相长、教研相益。

观点分享 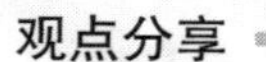

结束语：教师的行动学习与学习行动

教学相长：

教为学，学促教：学生的作为过程得益于教师的设计、指导、评价过程，教师从学生的反馈和收获中引发反思和获得欣喜，学生的进步反哺教师的成长。

教研相益：

科研为教学、来自教学、结合教学、造诣教学，相辅相成，相依相益，互利双赢的过程与结果，教师职业成就感的来源。

95

幻灯片 93–94

观点分享 笔者本人对书目中部分著作已经先睹为快，有的让人爱不释手，有的让人大彻大悟，特别是其中涉及到的授课、听课、观课、说课、评课都是出于专业人士的手笔，具有现代元素，很有看头。还可以列举的教师爱看的书目很多，读者可以关注国内几大教育和师范院校出版社的出版信息。

幻灯片 95

观点分享 教学相长的最根本效益是学生的进步反哺教师的成长。例如，笔者十年的"任务型"教学实践历练了点评能力、导学能力、指导能力，成为自己教师职业生涯中重要的成长因子。

教研相益的最大效果是教师职业成长的成就感。例如，笔者发表的教学研究论文和出版的外语教育专著以及创新设计的教材，都在自己的职业生涯中留下了重要的足迹。

笔者相信，在变革的时代，教师的行动要变、会变、善变、能变，否则，外部变化会淘汰不变的人。但是，变化不是一件容易的事情，需要付出、投入、行动！

后　　记

实话实说，这本书是我绑着腰带完成的，也是站在电脑前写成的。

由于不慎闪了腰，一个多月都恢复不过来。最糟糕的是，腰病不能久坐，否则不仅腰疼，腿也会麻。可是，我的出版合同已经签了，我的姊妹篇著作中的“姐姐”已经付型了，“妹妹”的稿子就在案头，正待一气呵成。于是，我的“虎劲”（生肖属虎）又上来了。腰间绑着腰带，桌旁放个闹钟，每半个小时响一次，提醒自己起身变换姿势，或者站着写，或者走动走动再回来写。就这样，坐立不安但从容淡定地写完了这本书。

写作是痛苦并快乐着的事情。

所谓“痛苦”，是因为写作很缠身，需要专注、忘我、大量时间和精力的投入；电脑写作还要眼、手、脑、腰、腿并用。所以，我给自己免除了几乎所有的社交、娱乐、享受，连国庆黄金周七天都闭关在家，除了写作，还是写作。

所谓“快乐”，是因为写作是一种“脑力舞蹈”，具有美的享受。当我把近年来设计主持的教师培训材料重新整理成文时，我又一次经历了以教者、研究者、教师培训者三重身份的学习。我沉浸于看书、思考、修改、充实、写作的过程之中。我知道一线教师需要基于课堂的教学技能发展，需要理论来指导课堂教学实践。作为过来人，我有许多想与青年教师分享的经验；写作的过程中，我的脑海里也不断地浮现出教师培训现场的热烈气氛和培训课后受训教师们渴望提升的面容。这些都是我写作本书的动力源泉。

本书正如前言所述，是基于“你命题我作文”的全国教师培训课题，也是基于我自己的课堂教学改革创新实践而整理成书。我衷心希望读者能够从中受益，更期盼全国同行随着改革进程修正和充实本书内容。

夏纪梅

中山大学康乐园

2011年金秋时节